条例で学ぶ
政策づくり入門
― Introduction to policy-making ―

牧瀬 稔 著

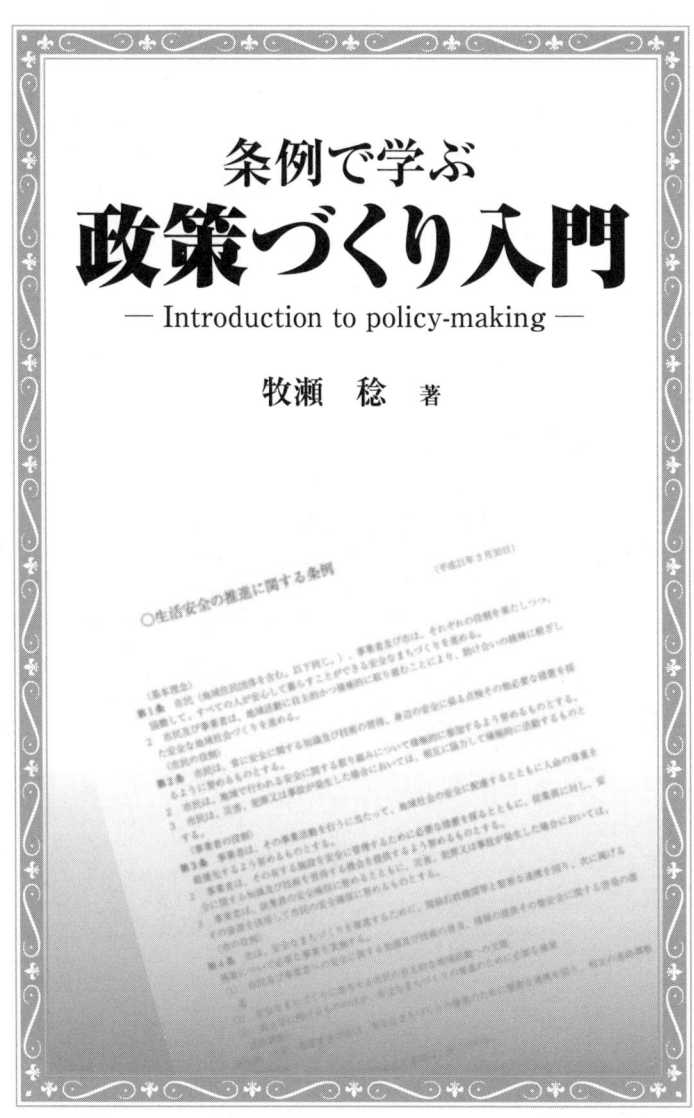

東京法令出版

はじめに

　本書は政策条例の立案を検討するに当たり、必ず押さえておきたい基礎的内容を紹介している。また、政策条例が中心に記されているが、幅広く自治体政策の全般を記しているため、政策形成能力を習得したい読者には大いに貢献すると思われる。さらに、既存の政策条例を紹介することで、幅広い自治体政策を立案していく視点や捉え方を習得することを目的としている。

　本書の位置づけについて言及する。本書は、前著『議員が提案する政策条例のポイント──政策立案の手法を学ぶ』の続編になる。前著は「初歩の初歩」という意味合いがあった。この「初歩」を上級・中級・初級に分けると、前著は「初歩の中でも初級」に該当する。一方で**本書は、「初歩の中でもやや中級」**という位置づけである。いずれにしろ、本書も「初歩」であることには変わりない。

　本書も前著同様に、平明な文章と平易な説明に心がけた。初心者が読まれても十分に理解できる内容と思われる。

　本書は、若干、前著と重複する点がある。また、前著と大きな齟齬はないと思われるが、「このような表現にした方が分かりやすいだろう」と考え、同じ内容でも、少し表現を変えている箇所がある。そのため、前著を読まれた読者の中には、本書に違和感をもつこともあるかもしれない。その点は、ご了承いただきたい。

　本書を読まれて、基礎的な素養を身につけた読者は（あるいは、本書では物足りなさを実感している読者は）、出石稔・関東学院大学法学部教授が著している『自治体職員のための政策法務入門』（第一法規）の一連のシリーズを読まれるとよいと思う。また、田口一博・財団法人地方自治総合研究所研究員の『一番やさしい自治体政策法務の本』（学陽書房）も参考になると思われる。

ちなみに両書は「入門」とか「一番やさしい」と書名にあるが、政策法務や法務能力の素養が少しでもないと、意外に難しかったりする。本書は、その前段階という位置づけで執筆している。
　出石氏や田口氏の著書も理解できたのならば、次は、磯崎初仁・中央大学法学部教授や北村喜宣・上智大学法学部教授、鈴木庸夫・千葉大学大学院専門法務研究科教授などの著書に当たっていけばよいと思う。**段階をおって、政策法務の視点や法務能力を身につけることが大事**である。その中で、**本書は政策条例の立案を検討していくための「基礎固め」**におかれている。

　本書が想定している読者層について言及する。前著は、地方議員をもっぱらの読者と想定していた。前著の続編である本書は、引き続き地方議員を対象としながら、読者層を広げている。そこで、本書は地方議員は当然のこと、自治体職員をはじめ、政策の利害関係者のすべてを対象としている。この利害関係者とは、地域住民であり、事業者であり、市民公益活動団体（NPO法人を含む）などである。
　また、大学や大学院で行政学や行政法など、地方自治の周辺領域の学問を学ぶ学生諸氏にも、本書は貢献すると思っている。

　さて前著を世に問うてから、筆者は多くの地方議員から声がかかるようになった。そこで実感したことは、**「確実に政策条例を立案しようとする潮流は高まっている」**という事実である。本書を執筆しているときも、次の記事が飛び込んできた（「静岡新聞」2009年2月10日）。

　浜松市議会が、子どもの登下校や防犯対策など市民の安全を守るための基本計画策定を盛り込んだ「安全・安心な防犯まちづくりをやらまいか条例」（仮称）案の議員発議に向けて調整に入ったことが分かった。各会派代表が出席する議会運営委員会で取り扱いを正式協議

し、全議員による定例会への議案提出を検討する。

　この条例案が結実したかどうかは、本書の執筆時点では分からない。もし結実しなくても、この行動を評価したい。何事も行動がなければ結果は現れない。まずは、この**「政策条例を提案しよう」という実際の第一歩に最大の意義がある**と捉えたい。ちなみに、この動きは浜松市だけではなく、全国的に活発化しつつある。

　本書は、筆者が担当した法政大学社会学部（地方自治論）や法政大学大学院政策科学研究科（行政法事例研究）、東京農業大学国際食料情報学部（行政学・行政法）での講義が基となっている。また、筆者が執行機関の職員研修の講師として担当した、いわき市、伊豆の国市、八王子市、三浦市などをはじめ、議会では浜松市議会、市原市議会、さいたま市議会、島根県町村議会議長会などでの講義や講演も参考としている。そのような貴重な機会をくださった関係者に感謝したい。

　さらに、本書を執筆するに当たり、数多くの関係図書を参考にした。主要な参考文献は、最後に掲載しているが、それらの多くの図書の執筆者に改めて感謝したい。

　実は本書に書き込めなかったことが多々ある。書き込めなかった大きな理由は、「どのように平明に表現してよいか」と悩み、筆者の力不足のため、今回は易しく書くことができなかったからである（例えば、裁判判例の読み方など）。もし、可能であるならば、あと1冊、政策条例に関する図書を出版し、政策条例の3部作としたいと思っている。

　最後になるが、個人的なことを記しておきたい。本書の執筆にとりかかる直前に、祖母・勝見ミワが亡くなった。筆者は人生の8割を祖

母と生活してきた（部屋が隣であった）。やはり、「そこに行けば会える人」がいなくなることは淋しい（母はもっと淋しいと思う）。

　ちなみに筆者が生活していた部屋は、祖父・勝見正一が生きていた空間である。勝見正一は20年ほど前に亡くなっている。筆者は祖父母に育てられたために（両親は共働きのため、基本的に放任主義だった。それはそれでよかったと思っている。筆者が家出したときに、探して見つけてくれたのは祖母だった）、祖父母がこの世からいないという事実は、何とも表現できない辛いものがある。

　祖母は愚痴が多かったが愚直な人であった。愚直だからこそ、今日の世相や社会に対して愚痴が多かったのかもしれない。祖母は典型的な庶民であったため、日々、国や地方自治体の政策に翻弄されていた。日々翻弄されながらも愚痴ることで、納得のいかない政策を自分自身の中で正当化していたのだろう。その祖母の一言一言から、筆者は政策の真髄を垣間見ることができた。筆者がこの世界に入ったのは、祖父母、特に祖母の影響が少なからずあると思っている。

　「お祖父ちゃん、お祖母ちゃん。少しずつだけど、ようやく社会の中で実証を示せるようになってきました。」

　本書を祖父母・勝見正一とミワに贈りたいと思う。

　　　2009年3月

　　　　　　　　　　　　　　　　　　　　　　　　　牧瀬　稔

　　【追記】　浜松市議会においてみられた議員提案政策条例の動向は、今回は残念ながら結実しなかったようである。しかしながら、この取り組みは次につながるものと評価したい。特に、今回の一連の取り組みは、議員活動のレベルを引き上げることに貢献していると思われる。

目　次

- ●はじめに

第Ⅰ部　政策開発の視点

第1章　「地方の時代」の到来と求められる政策力
1　「地方の時代」の質的転換 …………………………………………… 3
2　「地方の時代」は住民獲得競争の時代 …………………………… 7
3　21世紀は「政策力」が問われる時代 …………………………… 15
4　本書の目的と構成 …………………………………………………… 17

第2章　条例の基礎的事項の確認～条例にまつわるエトセトラ
1　条例の確認 …………………………………………………………… 22
2　条例における罰則規定 …………………………………………… 27
3　規則と要綱の確認 ………………………………………………… 32
4　政策条例の確認 …………………………………………………… 33
5　条例に息吹を吹き込んだ地方分権一括法 …………………… 36

第3章　いろいろと楽しいユニーク条例
1　ユニーク条例とは何か …………………………………………… 40
2　こんな条例ありますか …………………………………………… 45
3　方言で作成された条例はありますか ………………………… 46
4　子ども向けに「ひらがな」を多用した条例はありますか … 48
5　高齢者の医療費を無料とした条例はありますか …………… 50
6　雑草の除去を目的とした条例はありますか ………………… 52
7　茶どころ日本一を称えようとする条例はありますか ……… 53
8　ファミリーがインポータントな条例はありますか ………… 55
9　千代の山と千代の富士を記念した条例はありますか ……… 57
10　レシートを必ず持ち帰ることを規定した条例はありますか … 58
11　死者と結婚を認めている条例はありますか ………………… 59
12　その名も「レンガのまちづくり条例」はありますか ……… 60
13　地域を彩りあざやかにするユニーク条例 …………………… 61
○　静岡市めざせ茶どころ日本一条例 ……………………………… 65

第4章 政策条例の立案の視座

1 政策条例を進化・深化させる視点 …………………………… 69
2 政策条例立案の検討の流れ …………………………………… 76
3 政策条例の実効性確保の手段 ………………………………… 87
4 条例の構造 ……………………………………………………… 92
5 法令解釈の視点 ………………………………………………… 97

第Ⅱ部 政策開発の事例

第5章 子どもの権利条例

1 はじめに ………………………………………………………… 107
2 法環境の整備と条例の制定状況 ……………………………… 108
3 子どもの権利条例の類型 ……………………………………… 110
4 子どもの権利条例の構造 ……………………………………… 111
5 特徴的な子どもの権利条例 …………………………………… 115
6 おわりに ………………………………………………………… 117

第6章 生活安全条例

1 はじめに ………………………………………………………… 119
2 法整備の環境と条例の制定状況 ……………………………… 120
3 生活安全条例が制定される背景 ……………………………… 123
4 生活安全条例の概要 …………………………………………… 124
5 特徴的な生活安全条例 ………………………………………… 128
6 おわりに ………………………………………………………… 130

第7章 住民投票条例

1 はじめに ………………………………………………………… 131
2 住民投票条例の経緯と背景 …………………………………… 132
3 住民投票条例の類型 …………………………………………… 133
4 住民投票条例の概要 …………………………………………… 135
5 特徴的な住民投票条例 ………………………………………… 138
6 おわりに ………………………………………………………… 139

第8章 住民参加条例

1 はじめに ………………………………………………………… 141

2	住民参加を計るモノサシ 〜「参加の梯子」	143
3	住民参加条例の類型	144
4	住民参加条例の概要	146
5	議会との関係	149
6	おわりに	149

第9章 協働推進条例

1	はじめに	151
2	協働推進条例の背景	152
3	協働推進条例の概要	154
4	特徴的な協働推進条例	158
5	おわりに	160

第10章 コミュニティ再生条例

1	はじめに	162
2	コミュニティ再生に取り組む背景	163
3	コミュニティ再生条例の概要	166
4	特徴的なコミュニティ再生条例	171
5	おわりに	172

第11章 自治基本条例

1	はじめに	174
2	自治基本条例の経緯と背景	175
3	自治基本条例の意義と効果	178
4	自治基本条例の概要	179
5	自治基本条例の動向	183
6	おわりに	183

第Ⅲ部　政策開発の思想

1	政策条例に書き込みたい規定	187
2	政務調査費の現状と方向性	198
3	政策開発の思想	207

本書で紹介した条例一覧 212

主要参考文献一覧 219

　●おわりに

第Ⅰ部
政策開発の視点

　第Ⅰ部は、4つの章から構成されている。第1章では、21世紀は住民獲得を目指して、地域と地域が競争する時代であることを示し、その競争の時代には「政策力」が必須であることを訴えている。

　第2章では、条例の基礎的事項を確認している。例えば、「条例とは何か」「条例と要綱の違い」「条例の効力」「条例における罰則規定」などである。基本的な内容を記している。そして、基礎的事項を押さえた後で、本書が取り扱っている政策条例について言及している。また、地方分権一括法が、政策条例づくりの現場に地殻変動を起こしたことにも触れている。

　第3章では、条例に親近感を持ってもらいたい意味で、「ユニーク条例」を紹介している。「こんな条例もあるのか！」と思ってもらえればうれしい。ちなみに、ユニーク条例の目的化には注意してもらいたい。

　第4章は、第2章が基礎編ならば、応用編となる。政策条例を立案していく手順を言及している。また、一般的な条例の構造を示し、政策条例を立案するときに、押さえておいた方がよい法令解釈の視点を記している。

　この第Ⅰ部を通して、政策条例を立案するための基本的事項を把握し、政策条例を立案する視座が得られるだろう。

「地方の時代」の到来と求められる政策力

1　「地方の時代」の質的転換

◆「国対地方」から「地方対地方」へ

　今から約30年前の1978年7月に、首都圏地方自治研究会[1]の主催で「『地方の時代』シンポジウム」が開催された。同シンポジウムにおいて、当時の神奈川県知事であった長洲一二氏が、「当面する巨大都市問題、環境・資源・エネルギー・食糧問題、管理社会と人間疎外の問題など、現代先進工業社会に共通する難問は、自治体を抜きにしては解決できない」と述べ、「地方の時代」が到来したことを提唱した。

　この「地方の時代」というフレーズは、地域主義や地域主権を主張するスローガンとして、様々な局面で使われてきた。しかし、実態は依然として、国の制度下におかれた状態での「地方の時代」であり、様々な制約のため、地方が劇的に変化することはなかった（もちろん、その制約下の中においても、最大の努力をして可能な範囲で地方の時代の歴史を築いてきた）。ちなみに、ここでいう国とは「中央政府」であり、地方とは「地方自治体」のことを指している。

　そして、21世紀に入り、ようやく「地方の時代」が実現されようとしている。その実状をよく観察すると、「地方の時代」の意味する内

Reference

［1］　1970年代後半に、東京都、川崎市、横浜市など太平洋ベルト地帯の地方自治体に革新首長が相次いで登場した。この1都2市に埼玉・神奈川の両県が加わり、首都圏地方自治研究会シンポジウムが開かれた。

容が劇的に大きく変わりつつあることに気がつく。

　従前の地方の時代とは「国」に対する「地方」であり、「国」対「地方」の構図があった。地方自治体にとって、当時の「地方の時代」の対立軸は、あくまでも国におかれていたと捉えることができる。その中でも、当時の革新的自治体は、国の影響下から脱しようと摸索していた。

　一方で、**昨今の「地方の時代」が意味する中身を吟味すると、「地方」対「地方」の時代であることが垣間見られる**。すなわち、**地方自治体と地方自治体が競争する時代に突入した**ことが理解できる。

◆地方分権一括法のインパクト

　地方の時代が意味する「国対地方」から「地方対地方」に転換したターニング・ポイントを探ると、2000年に施行された「地方分権の推進を図るための関係法律の整備等に関する法律」（以下、「地方分権一括法」とする）にたどり着く。

　同法により、法律上、国と地方とが対等・協力の関係へと変化した。詳細は他の文献に譲るが、同法は、従来の中央集権型社会から地方分権型社会へ大きく舵がきられる契機となった。そして、**地方分権の時代においては、地方自治体は「自主性」と「自立性」を高め、個性豊かで活力に満ちた地域を実現**しなくてはいけなくなった。

　また、同法により地方自治体は自己決定権を持つようになった。それは同時に、自己責任の原則も生じることを意味している。すなわち、**地方自治体は「地域のことは地域で解決し、地域のことは自ら責任をとる」というスタンスに転じる**こととなった。すなわち、**地方自治体から地方政府への変貌**が求められつつある。

　この地方分権一括法の登場により、多くの地方自治体は急激に、また否応なしに構造転換が促されつつある。その意味で、同法は今日における「地方対地方」の潮流の契機をつくったと指摘できるだろう。この地方分権一括法は、本当に画期的な出来事であった。

ちなみに、地方分権改革推進委員会が2008年12月にまとめた勧告の副題は、「生活者の視点に立つ『地方政府』の確立」である。この勧告の副題にある「地方政府」という言葉に注目したい。従来の表現は「地方公共団体」[2]であり、公式文書に「地方政府」という4文字が一度も入ったことはなかった。しかし、同勧告において「地方政府」という言葉が入ったことで、地方は国（中央政府）に対して対等ということが、さらに明確になった。

　そして**今後は、ますます中央政府からの地方政府への権限移譲**[3]**が進み、分権型社会が実現する**と予測される。その結果、**地方の間での競争が活発化してくる**と思われる。

　これから、ますます劇的に展開されるだろう「地方対地方」の地方の時代を生き抜くために、地方自治体は自己決定と自己責任の原則に基づき、地域の諸課題に積極的に取り組む必要がある。既に、その時代の到来を肌感覚で実感している地方自治体は、積極的にそれぞれの地域性に合致し、そして、独自性のある地域づくりを進めつつある。

Reference

[2]　本書で使用している「地方公共団体」も「地方自治体」も、基本的に同じ意味である。前者の地方公共団体は、法律用語である。一方で後者の地方自治体は法律用語ではないという違いである。本書では、基本的に地方自治体という用語を使用している。

[3]　「移譲」なのか「委譲」なのかという議論がある。これは、かつて国においても論争になったことがある。1985年に行政改革審議会が答申をまとめた際、自治省（当時）が表記を「移譲」に統一するように求めたところ、行革審事務局を務める総務庁（当時）が「国は完全に権限を手離すわけではない」として、あくまで「委譲」を主張したことがあった。最終的には総務庁の言い分が通り、「委譲」が使用されることになった。

　委譲と移譲の違いは、前者は権限を「委ねる」ということであり、後者は権限を「移す」という意味となる。地方分権の時代においては、「移譲」が正しい使い方と筆者は思っている。本書では、原則「移譲」という言葉を使用している。

地方の時代における先駆的住民の動き

　「地方の時代」を肌感覚で実感している住民は、活発な活動を展開している。その一つの現象として、相次ぐ「コミュニティ・シンクタンク」の登場がある。

　既存の文献から、コミュニティ・シンクタンクの定義を拾うと3点ある。

①生活者及びコミュニティ再生の視点から、住民の英知や地域内外の専門知を結集して、地域の問題・課題の解決を目指す、コミュニティの現場からのボトムアップ型政策形成を支援する地域に根ざしたシンクタンクである（木原勝彬（2001）「政策形成型NPOとしてのコミュニティ・シンクタンク」『NIRA政策研究（2001年4号）』総合研究開発機構）。

②地域や生活の現場に根ざして、生活者の視点、納税者の視点、社会的弱者の視点、地域コミュニティ再生の視点から、住民の生の声、地域内外の英知や専門知を総合編集して、地域の問題・課題を解決する政策形成力をもったシンクタンクである（NPO政策研究所（1999）『コミュニティ・シンクタンクをつくろう―コミュニティ・シンクタンク研究中間報告書』）。

③コミュニティ・シンクタンクに求められる資質として、次の4点がある。(1) 政策情報の集約とトランスレート、(2) 政策評価、立案方法の指導、協働、(3) 情報発信戦略のオーガナイズ、(4) 分析と評価によるポジショニングの明確化、である。そして、「コミュニティ・シンクタンクは、社会を変える力の中で、重要な役割を果たす歯車のひとつとして活躍できる可能性がある」と指摘される（粉川一郎（2003）「市民と政策立案者を結ぶシンクタンクの役割」『シンクタンクの動向2003』総合研究開発機構）。

　以上の3点の定義から抽出されるキーワードは、「地域コミュニティ再生」「地域の問題・課題解決志向」「現場からの調査・研究」「地域の人材

活用」「地域変革力」と考えられる。
　これらのキーワードをまとめ、筆者なりのコミュニティ・シンクタンクの定義を記すと、「地域コミュニティの再生と創造のために、地域の人材を活用し、今ある地域の問題や課題を現場の視点から調査・研究し解決していくことで、地域変革を促そうとする機関（団体）」となる。
　このコミュニティ・シンクタンクは、住民自治を実現する原動力となるだろう。また、地方自治体が団体自治を進めるための「後押し」の意味も持つと思われる。その結果、地方自治の本旨が達成されるだろう。今日のコミュニティ・シンクタンクの具体的動向は、20頁の「M研究員のメモ」に譲ることにする。

2　「地方の時代」は住民獲得競争の時代

◆住民は地方自治体を成立させる絶対条件

　地方自治体は、「何を」獲得するために、他の地方自治体と競争するのであろうか。一見すると難しそうであるが、実はこの問いの答えは単純である。その回答は明快であり、結局のところ「住民」と考えられる。当たり前だが、住民が存在しなくては、地方自治体は存立し得ない。その意味で考えると、**住民は地方自治体を成立させる絶対条件**である。もちろん、住民だけではなく、その住民が働くための企業なども誘致していくことは大事である。
　経営学の父と称されているピーター・ドラッカー（Peter Ferdinand Drucker）は、企業を永続的に発展させていくためのポイントとして、「顧客の開拓にある」（新たな顧客を作り続けること）と端的に指摘している。確かに、企業が拡大していくためには、顧客を増やしていかなくては右肩上がりの成長はあり得ない。この**企業における「顧客」**が、**地方自治体にとっては「住民」に該当する**。

◆住民獲得の一つの手段としての刑務所誘致

　ここでは簡単に、地方自治体における住民獲得の事例を紹介しておきたい。例えば、極端な事例になるが、「刑務所の誘致合戦」がある。かつて刑法犯認知件数の増加に伴い、受刑者が増加した時期があった。そこで、法務省は新たに刑務所を増設することになった。

　普通、刑務所はNIMBY[4]施設であるため、地方自治体は嫌悪感を抱く[5]。通常は、自らの地域内に刑務所がくることは嫌がるものである。しかし、法務省の刑務所増設の発表に対し、実に40以上の地方自治体が名乗り出た。最終的に、法務省は新設を計画している刑務所の事業予定地として、美祢市（山口県）の「美祢テクノパーク」など数箇所を選定した。その後、同パーク内に美祢社会復帰促進センターが開設された[6]。これは、日本ではじめてのPFI方式[7]により設置された刑務所である。この刑務所は半官半民の施設であることから、俗に「民活刑務所」と呼称されている。

　地方自治体が刑務所を誘致する一つの理由は、「住民獲得」としての側面がある。国勢調査では、刑務所に入る受刑者は人口に加えら

Reference

[4]　NIMBYとは「Not In My Back Yard」の略であり、「自分の裏庭にはあって欲しくない」となる。しばしば迷惑施設といわれる。例えば、ゴミ焼却場や軍事基地などが該当する。

[5]　福島市には「自立更生促進センター」の開所が検討されている。同センターは刑務所を仮出所した人を受け入れ、社会復帰を支援する施設である。法務省が全国で初めて福島市に設置したが、地域住民の反対が起きている。

[6]　山口県美祢市の次に、島根県浜田市旭町に「島根あさひ社会復帰促進センター」が整備された。これらの刑務所は、受刑者一人ひとりに高度な矯正教育や職業訓練などを実施することによって再犯を防止することが目的となっている。『平成19年版犯罪白書』は再犯者の実態を明らかにしている。同白書によれば、再犯率は1犯目の罪名が窃盗の者が44.7％となっている。次いで、覚せい剤取締法違反の者が41.6％である。また、1犯目が性犯罪（強姦・強制わいせつ及び強盗強姦）であった者のうち、30.0％がその後再犯に及んでいる実態が明らかになった。美祢市や浜田市に設置された社会復帰促進センターは、再犯を防ぐことにより、結果として受刑者を減少させるという目的を持ち、中長期的な過剰収容緩和の効果が期待されている。

れ、地方交付税の算定基準になる。つまり、受刑者は住民となり、その住民が国からの地方交付税の算出根拠となる。その意味では、「刑務所を誘致すること」は「住民を獲得すること」と同意味であり、税収の安定性が担保される。

また、地方自治体は、この受刑者を住民として獲得することに加え、刑務所を新たに設置する際の建設費などによる経済波及効果も期待できる。そこで、この刑務所の誘致は、企業や工場の誘致より効果的と指摘する学識者もいる。

◆相次いで知恵を絞る住民獲得策

その他の住民獲得の事例として、小田原市（神奈川県）の「定住促進モデル事業」を紹介する。同事業は、小田原市に新たに転入し、新幹線を利用して東京・静岡方面へ通勤する住民を対象に、交通費の一部（年間5万円）を助成している。

また、三浦市（神奈川県）は「三浦市定住促進制度」を実施している。同制度は一定の要件を満たす世帯に、転入者定住奨励金として10万円を支給している。あるいは、転入者が改修工事を行う際には、最大20万円の補助金を支給している。君津市は、同市に新築住宅を取得した者を対象に、奨励金として最大100万円を交付している。

さらに、出雲崎町（新潟県）は、人口増加と定住促進策の一環として、結婚を予定しているカップルの挙式費用を負担する事業を実施している。選ばれたカップルには、約310㎡の宅地（約300万円相当）を贈り、約300万円の挙式費用は、町や観光協会などが全額負担する。なお、宅地は20年間転売禁止となっている。

Reference

[7] PFI (Private Finance Initiative) とは、民間の資金及び経営能力・技術力（ノウハウ）を活用して公共施設などの社会資本を整備し、公共サービスを提供する手法である。1992年にイギリスで導入された。日本では1999年に「民間資金等の活用による公共施設等の整備等の促進に関する法律」（通称「PFI法」）が制定され、本格的に導入が始まった。

このように、地方自治体は住民を獲得するため、様々な手段を用いて、住民を呼び込もうと努力している。**日本は人口減少社会を歩んでいることから、地方自治体における住民獲得の動きは、今後、ますます活発化していくと思われる。**

迷惑施設（NIMBY）と歓迎施設（YIMBY）とは何か

　コミュニティ・シンクタンクの話をする前に、本文中にでてきたNIMBYについて言及しておきたい。

　NIMBYと称される迷惑施設として、刑務所以外に、しばしば挙げられるのは、ごみ焼却場、し尿処理施設、産業廃棄物処理施設、リサイクル施設、埋立処分場、精神病院、葬儀・火葬場などがある。これらの施設が嫌われる背景には、周辺地域の環境負荷の発生や地価下落のおそれに加え、地域住民の感情的な嫌悪や不安などがある。

　一方で、NIMBYの逆の概念にYIMBYがある。「Not」ではなく「Yes」であり、「Yes In My Back Yard」の略である。これは「歓迎施設」と称される。

　ホームページ「SimCity研究報告」（http://simlabo.main.jp/simrepo/）には、NIMBYとYIMBYの評価があるため、記しておきたい（この図表1は、なかなかおもしろい）。

図表1　NIMBYとYIMBYの評価

建物の名前	住宅	商業	工業	他	考えられる理由
電線	-15	-15	N/A	N/A	景観が悪くなるから
石炭発電所	-90	-70	-15	-15	強烈な汚染を出すので嫌われる
石油発電所	-70	-55	-15	-15	石炭よりも汚染が弱いせい
ガス発電所	-60	-40	-9	-14	わりと汚染が少ないせい
原子力発電所	-110	-80	-30	-12	最大の嫌われ者
風力発電所(風車)	-15	-14	-4	-9	落ち着かないから？
ソーラー発電所	-35	-14	-4	-9	クリーンでもちょっとまぶしいかも

2 「地方の時代」は住民獲得競争の時代

マイクロ波発電所	-50	-18	-7	-12	でかいアンテナがうっとおしいか？
核融合発電所	-50	-18	-7	-12	安全とはいえ高熱で危険なので
エネルギー焼却炉	-35	-15	-8	-12	便利だからあまり嫌われない
埋立地	-80	-60	-20	N/A	ゴミの臭いがするから
焼却炉	-50	-10	-3	-8	もくもくと煙を出すし、土壌汚染も心配
ポンプ場	-5	N/A	N/A	N/A	特に問題もないが、やっぱりない方がいい
水処理施設	-20	-12	-5	-10	ちょっと臭いが…
脱塩施設	-20	-12	-5	-10	ちょっとゴミが…
貯水塔	-10	-2	N/A	N/A	高さがあるのでポンプ場よりもやや嫌かも
市長官邸	23	20	2	2	「俺んち市長の家の近くだぜ」「すげぇ～」…え？
シティホール	20	25	N/A	N/A	なんとなく誇りに感じる
市立裁判所	20	25	N/A	N/A	なんとなくいい気分になる
間欠泉公園	5	15	5	5	観光スポットになるので商業に好まれる
銅像	18	18	5	4	「僕んち銅像の近くだからさ」
灯台	12	25	0	0	灯台＝海岸＝海の家
カントリークラブ	35	7	5	5	アメリカの田舎のレジャー
軍事基地	-20	12	12	8	軍人が客になる商工業に好まれる
医療研究センター	5	5	5	5	なんとなく未来に期待、かな
科学技術センター	10	10	N/A	N/A	職の期待と買の期待
芸術劇場	12	20	0	0	人が集まるので商業に好まれる
名門大学	5	15	0	0	大学生が色々買ってくれる
テーマパーク	-18	12	0	0	住宅の近くではうるさく、混雑の発生が嫌われる
軍需工場	-20	18	12	-8	軍事基地よりも
株式取引所	-5	35	-4	0	商業従事者には聖地
宇宙港	-30	-25	10	0	部品を納める工業以外には嫌われる

　マイナス表記がNIMBYと捉えられており、プラス表記がYIMBYと考えられている。この図表を見ると、原子力発電所が最大の迷惑施設と捉えられていることが分かる。一方で、裁判所や市長官邸などは、住宅地や商業地ともに歓迎施設として高い評価を得ている。

迷惑施設は、それを誘致する地方自治体と、同施設の周辺に居住する地域住民との間で、しばしば紛争が起きてしまう。また紛争を通り越して、裁判に発展する事例も少なくない。しかし、住民が減少する地域においては、刑務所の受刑者であっても、それは貴重な住民と捉えることができる。住民の増加は魅力的である。そこで、たぶん泣く泣く刑務所を誘致しているのだと思われる（「たぶん泣く泣く」は筆者の個人的見解であるため、もしかしたら「喜んで」になるかもしれない）。

◆住民の獲得か企業の獲得か

　今日、地方自治体は様々な角度から、住民を獲得しようと躍起になっている。ここでは、「住民と企業（事業者）の獲得の、どちらを地方自治体は先に獲得すべきか」を考える。

　読者はどのように考えるだろうか。多分、様々な回答があり、一つの結論を出すことは難しいと思われる。筆者の回答は「どちらもやる」となる。しかし、これは「二兎追う者は一兎も得ず」になってしまう可能性があるため、やはり優先順位をつけなくてはいけない。

　先に、地方自治体が実施している住民獲得の施策・事業を紹介した。実は、地方自治体は企業誘致の動きも活発化している。今日では、地方自治体は住民の獲得に加え、同時に企業の誘致も展開しつつあり、力を入れつつある。例えば、大阪府は移転してきた企業に最大で150億円の補助を支給している。

◆企業誘致に関する宮城県の事例

　ここでは、宮城県の事例を紹介する。宮城県は自動車産業の集積を目指す経済活性化ビジョンを策定し、上限10億円の企業立地奨励金を引き上げた[8]。

　その拡充された奨励金が呼び水となったのかは定かではないが、トヨタ自動車株式会社グループの生産子会社であるセントラル自動車株

式会社が、相模原市（神奈川県）からの移転を決め、仙台市郊外の宮城県大衡村に組立工場を新しく建設することとなった。その工場は2010年の稼働予定であり、投資額は500億円前後となる。セントラル自動車株式会社の本社と併設する本社工場は、新工場完成に合わせて移転し、新工場の生産規模は年間12万台規模となる見込みである[9]。

宮城県は、セントラル自動車株式会社が県内に進出することにより、県内生産額は3,009億円、被雇用者は9,108人の経済波及効果を生み出すと試算している。また、被雇用者の総所得額は670億円に達すると見積もっている[10]。

一方で、セントラル自動車株式会社を流出させてしまう相模原市は、市内でのトップ企業の一つをなくすことを意味しており、大きな打撃を受けることになる。例えば、従業員はパートを合わせると、1,800人から2,000人もの雇用機会の喪失を招くことになる。また、同社の売上は1,499億円にも達しているため（2007年3月末日現在）、移転により大幅な税収減が予想される。

◆企業誘致よりも住民獲得が大切？

このように、企業の誘致による地方自治体への影響は大きいものがある。これらの事例を観察すると、確かに企業誘致を進めていくことも理解できる。しかし筆者は、**企業の誘致よりも、やはりまずは住民**

Reference
[8] 奨励金の財源は、一定規模の企業の法人事業税に5％超過課税する「みやぎ発展税」により賄う予定である。同税は、現在の法人事業税が1,000万円なら1,050万円になることを意味する。みやぎ発展税は、資本金1億円以下の事業者を対象とし、所得金額4,000万円以下の中小企業は対象外となっている。同税の税収見込みは5年間で150億円であり、うち企業誘致を中心とした産業振興に125億円、震災対策に25億円を充てる予定である。なお、現時点では、みやぎ発展税による税収の使用用途は明確に決まっているが、あくまで普通税であり、目的税ではない。
[9] 『神奈川新聞』2007年10月23日
[10] 『河北新報』2007年10月25日

の獲得を優先したほうがよいと考えている。なぜならば、住民が多く存在すれば、自然に企業は労働力の確保や充実した市場を求めて、その地域に進出してくる可能性が強くなると考えるからである。どんなに規模の大きな企業が進出してきても、企業を存立させる労働力がなくては、進出してきてもすぐに撤退してしまうだろう[11]。

また、住民と企業から納付される税金を考えたとき、住民が納める税金のほうが確実性と安定性を持っていると判断するからである。一例であるが、川崎市の2009年度の一般会計予算案は、アメリカ発の金融危機の波及で法人市民税は79億円減（27.2％減）となった。一方で人口増加に伴う個人市民税と固定資産税が79億円増となり、減少する法人市民税を個人市民税と固定資産税で補塡する形となっている。

確かに、この川崎市の事例は一つにすぎない。しかし、不景気においても税収を減少することなく、維持している地方自治体を概観すると、個人市民税と固定資産税に依存している場合が多い[12]。その意味では、**安定的に税収を確保していくためには、企業誘致よりも住民獲得のほうがよいように感じる**。特に住民の増加に伴う個人市民税と固定資産税の拡大は、自治体財政の持続的を確保する安全弁として働く可能性がある。

もちろん、住民が増加することにより、福祉関係や子育て関係など

Reference

[11] 筆者は神奈川県の県央地域を対象に、企業が進出し立地していくための条件を把握する目的で、アンケート調査とヒアリング調査を実施した（2006年）。その結果を簡単に紹介すると、「人材確保の容易性」が最も多い回答であった。つまり、労働力の確保が最重要課題となっている。次いで「操業しやすい環境の確保」「道路等のインフラの充実」という回答であった。

[12] 企業に依存している愛知県豊田市や田原市は、アメリカ発の金融危機による景気後退により、危機的状況を迎えつつある。田原市は法人市民税の9割以上がトヨタ自動車関連企業からの収入であった。2009年度の法人市民税の減収は60億円と見積り、2008年度のトヨタ自動車への還付金を合わせると75億円の減収になる予測である。また豊田市も2009年度の法人市民税は2008年度より9割減になるとの見通しを発表し、実に400億円の減収となる。

の様々な手当が増加するため、財政の支出の拡大も予測される。しかしながら、中長期的な視点で自治体財政を検討していく際、企業よりも住民のほうが確実に（間違いなく）計算できるため（税収を考えると、住民のほうが企業と比較して弾力性が少ない）、中長期にわたって自治体財政を確実に描けるというメリットがある。

3　21世紀は「政策力」が問われる時代

◆人口というパイが縮小する時代

　今日の「地方の時代」は、**地方自治体と地方自治体が限られた住民を獲得することを意味している**。かつての日本は人口が拡大基調であったため、地方自治体が住民の獲得を競うことはなかった。しかしながら、これからの日本は「住民」が安易に獲得できない時代である。なぜならば、日本は人口減少時代に突入しているからである。

　国立社会保障・人口問題研究所の人口推計によれば、2000年の日本の総人口は1億2,693万人であった。そして、同研究所の将来人口推計の中位推計の結果によると、この総人口は緩やかに増加し、2006年に1億2,774万人でピークに達した後、長期の人口減少過程に入ることが予測されている（実際は、人口減少の速度は予測よりも速くなりつつある）。そして、2013年にはほぼ現在の人口規模に戻り、2050年にはおよそ1億60万人になると予測されている。2000年と比較して、約2,600万人の減少である。

◆日本は移民を受け入れるのか？

　2000年に発表された国連経済社会局人口部の報告書『補充移民──それは人口減退・高齢化に対する解決策か──』によると、現在の日本の国力を維持するためには、年間60万人もの外国人を移民として受け入れなくてはいけないという。

　もし、この年間60万人の移民を受け入れていくと、単純に2050年に

は、在日外国人の数は3,000万人を超え、人口の4人に1人が外国人となる。この計算上の数字は、今の日本にとっては非現実的に思われる（筆者を含めて日本人の意識が劇的に変化しない限りは、このように多くの外国人の受入れは難しいと思っている）。

　海外から外国人が爆発的に移入しないと前提するならば、減少する住民（日本人）を地方自治体が奪い合う時代になることは間違いない。

◆人口を獲得するのは政策力

　このような時代の中で、地方自治体は「どのような手段」で住民を獲得するのであろうか。しばしば住民が居住地を選択するとき、交通の利便性や自然環境の好条件などを求めて移動する傾向がある。これらの条件は、単独の地方自治体の力だけではどうすることもできない。しかしながら、転居を考えている**住民の中には、「行政サービスのよしあし」を基準として、移転先を選択する場合も増えつつある**[13]。

　確かに、現時点においては行政サービスのよしあしを最大の優先事項として、居住地を選択する住民は少ないと思われる。しかし、「低サービス高負担」の地方自治体よりは、「高サービス低負担」の地方自治体に移り住みたいと思うのは、人が抱く当たり前の感情だろう。そして、「高サービス低負担」に加え、交通の利便性がよく、自然環境が豊富ならば、何も躊躇することなく、余力のある住民は移動していくだろう[14]。

　地方自治体が住民を獲得するためにできることは、行政サービスを充実させ、より水準を上げることである。この行動は住民福祉の増進

Reference

[13]　例えば、2008年に国土交通省が実施したアンケート調査「『居住地域に関する意識調査』の概要について」を参照していただきたい。同調査では、転居時の重視項目として、「交通の利便性」や「物件の状態」が上位にある。そして、「行政サービスの水準」という回答は、13項目中7番目に位置している。

につながるため、**地方自治体の目的を体現する**ものである。また、他の地方自治体との差別化を図ることで、住民を獲得していくことが、地方自治体の持続的な発展につながっていく。そして何よりも、よりよい行政サービスを実施していくためには、地方自治体としての「政策力」の確立と向上は重要である。

4 本書の目的と構成

◆本書の目的

 前置きが長くなったが、以上を背景として、本書では地方自治体が開発する政策を取り扱う。ここで「政策」といっても、その政策の捉え方は多々ある。その中で、本書は地方自治体が開発する（地方議会（地方議員）も含む）政策条例を中心に検討する。本書は、**既存の政策条例を紹介することで、幅広い自治体政策を立案していく視点や捉え方を習得することを目的**としている。

 なお本書は、筆者が既に執筆した『議員が提案する政策条例のポイント―政策立案の手法を学ぶ』の続編という位置づけである。前著は地方議会（地方議員）を専らの読者層として捉えていた。本書では、地方議会（地方議員）に限らず、地域政策に関わっているすべての利害関係者を対象としている。

 特に個人的には、政策事業家（Policy Entrepreneur）のマインドを持っている読者に読んでもらいたい。今日、この政策事業家につ

Reference

[14] 本書では詳しく言及しないが、これからの日本人は「持ち家志向」の一辺倒から、「賃貸志向」を持つ人々も増加していくと筆者は予測している。その結果、住民の移動が活発化すると思っている。住民はライフ・ステージに応じて、地方自治体を選択していく時代になると考えている。この点に関しては、次の文献に詳しい。

　牧瀬稔（2008）『議員が提案する政策条例のポイント―政策立案の手法を学ぶ』東京法令出版

　牧瀬稔（2009）『政策形成の戦略と展開～自治体シンクタンク序説～』東京法令出版

いて、様々な意味がある。例えば、現実に立ちはだかる課題の調査・研究を重ね、政府や企業に提言する者であったり、ダイナミックな政策変容を志向し政策を創出していこうとする者であったり、多々ある。その中で、本書では「適確に問題を発見し、その問題を解決するため、自ら積極的に政策を開発する者、あるいは新たな政策を創造する実践者」と簡単に定義する。

　ここで、「政策事業家マインドを持っている者に読んでもらいたい」と記すと、出版社的には採算が合わないと思われるため、もちろん、そうではない読者にも手にとって読んでいただきたい。そして、本書を一つの契機として、読者が政策事業家に変貌したならば、筆者としては、とても嬉しい。

◆本書の構成

　本書は大きく分けて、第Ⅰ部、第Ⅱ部と第Ⅲ部から成立している。第Ⅰ部は、4つの章から構成されている。まず本章（第1章）で、本書を執筆する背景として、これからの時代は「政策力」が必要ということを述べている。そして、本書の目的を明らかにしている。

　次いで第2章では、条例にまつわる様々なことを明記し、条例立案に向けた基礎的事項を確認している。特に、条例の持つ意味などを簡単に記しており、当たり前のことを書き込んでいるため、既に知識のある読者は読み飛ばしても構わないだろう。

　第3章はユニーク条例を紹介している。第3章の意図は、「ユニーク条例を紹介することにより、条例を身近に感じてもらいたい」と考えているからである。ただし、このユニーク条例を提案することが目的ではないため、注意してほしい（賢明な読者は大丈夫と思うが、一応指摘しておく）。

　第4章は「政策条例の立案と視座」と題して、実際に政策条例を検討する際の必要な視点を紹介している。例えば、政策条例を立案する流れや、政策条例の実効性確保の手段、また一般的な条例の構造、そ

して法令解釈の考え方である。この章は、じっくりと読んでいただきたい。ここまでが第Ⅰ部となる。

　そして第Ⅱ部は、既存の政策条例の概要をいくつか紹介している。例えば、第5章では「子どもの権利条例」を紹介し、第6章は犯罪被害の現象を目的とした「生活安全条例」を言及している。そして「住民投票条例」（第7章）、「住民参加条例」（第8章）、「協働推進条例」（第9章）、「コミュニティ再生条例」（第10章）、「自治基本条例」（第11章）と続いていく。いずれの政策条例も、昨今では注目が集まっており、読者には貢献すると思われる。

　第Ⅲ部は「政策開発の思想」とし、本書において書き込めなかったことを筆者が思うままに記している。その内容は、政策条例に書き込みたい規定であったり、政務調査費の現状と方向性を自由に記したりしている。そして最後に、筆者が考える自治体政策を開発していくときに持ってほしい「政策開発の思想」を記して、本書を締めくくっている。

　本書を一読されれば、政策条例から幅広く自治体政策を学ぶことができる。そして、本書は自治体政策の「入門」という位置づけのため、ある一定の素養を身につけることができるだろう。

　また可能ならば、自著『議員が提案する政策条例のポイント―政策立案の手法を学ぶ』も読んでいただき、自治体政策を開発していくための基礎的能力を重層的にしてほしい。

　次章では、条例の基本的事項の確認と、本書における政策条例の定義を明確にしたい。

コミュニティ・シンクタンクの形態

　コミュニティ・シンクタンクは様々な形態がある。そこで、今日、わが国でみられるコミュニティ・シンクタンクの動きを紹介する。

　第1に、大学を活用したコミュニティ・シンクタンクがある。例えば、宮崎市と周辺6町の一部事務組合が運営する宮崎公立大学は、地域を取り巻く課題について、同大と市民との共同で調査・研究する「宮崎公立大学地域研究センター」を設立している。これは、宮崎市のシンクタンクとしての役割を担う。

　また、熊本大学は文系・理系の垣根を越え、行政や市民と連携しながら地域の課題解決のための政策提言など、シンクタンクとして「政策創造研究教育センター」を設置している。昨今では、大学と地方自治体が連携する傾向は強まっている。図表2は地域課題に関する大学と地方自治体との連携推移であり、着実に増加していることがうかがえる。

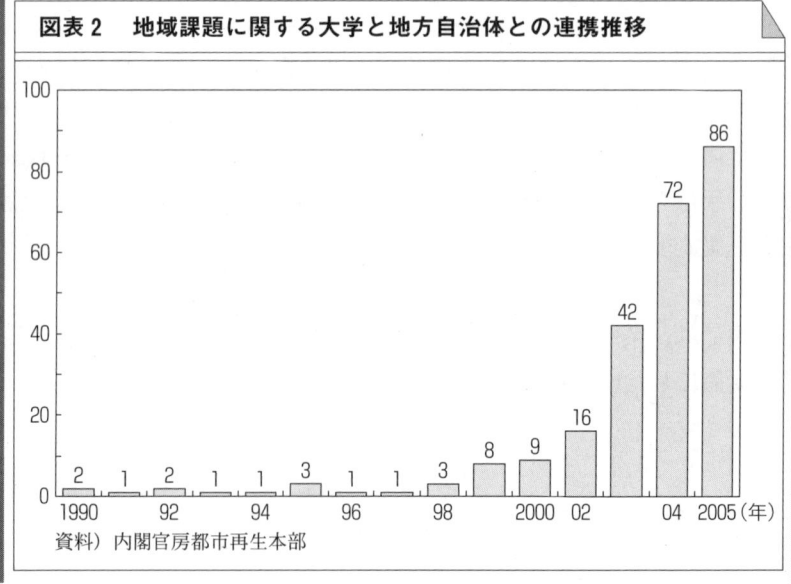

図表2　地域課題に関する大学と地方自治体との連携推移

資料）内閣官房都市再生本部

第2に、地域において新たな機関（団体）の設立である。それは、株式会社やNPO法人、任意団体などが考えられる。その中で、筆者はコミュニティ・シンクタンクは原則、中立的であり非営利を志向することが望ましいと考えているため、NPO法人や任意団体がよいと考える。これに該当するのは、「NPO法人NPOぐんま」（群馬県）や「NPO法人政策過程研究機構」（東京都）、「NPO法人まち研究工房」（埼玉県）などが挙げられる。

　例えば、NPO法人まち研究工房のホームページをみると、「NPOまち研究工房は、安全で安心して快適に暮らせるまちづくりを戸田市から始める非営利活動法人です。少子高齢化社会に対応し、地域の自然的・文化的資源を活かした安全・安心・快適な環境のまちづくりに貢献することを理念とし、行政・市民・企業等のネットワーク作りを担い、取組みます」と記されている。地域に根づいた活動をしており、コミュニティ・シンクタンクと考えられる。

　第3に、地方自治体を核とした方向性も考えられる。その一つの形として「自治体シンクタンク」がある。この自治体シンクタンクは、「地方自治体の政策創出において徹底的な調査・研究を行い、当該問題を解決するための提言を行うために組織された機関（団体）」と定義できる。例えば、横須賀市都市政策研究所、うつのみや市政研究センター、新宿区新宿自治創造研究所などあり、昨今、設置が活発化している。

　小田原市の自治体シンクタンクである「小田原市政策総合研究所」は、大学コミッション事業を展開している。この事業は大学（市内外は問わない）と小田原市政策総合研究所の交流によるまちづくりを目指すという内容である。

　ここで記した以外にも、コミュニティ・シンクタンクの方向性は多々あると考えられる。

条例の基礎的事項の確認
~条例にまつわるエトセトラ

　今日、「政策条例」の4文字は様々な意味を持って使用されており、必ずしも定義が確定しているわけではない。読者は「政策条例」が持つニュアンスは理解できるが、「その明確な定義は何か」と聞かれれば、答えに困るのではなかろうか。

　そこで、本書における「政策条例」の定義を明確にしておきたい。が、政策条例の意味を明確にする前に、まずは「条例」について基礎的なことを押さえておく必要があるだろう。本章では、「条例」の持つ意味を簡単に復習する。当たり前のことを記すため、読み飛ばしても構わない。

1　条例の確認

◆条例とは何か

　条例は、地方自治体が国の法令の範囲内において制定する「自主法規」（自治立法）であり、地方自治体の議会の議決によって制定される。地方自治体が、住民に義務を課し、住民の権利を制限するためには、法令に特別の定めがある場合を除くほかは、必ず条例によらなければいけない。

　地方自治体が法令に違反しない範囲で、独自の条例や規則を制定することを「自治立法権」という。余談であるが、地方自治体には自治立法権を含め、次の5つの権能があるとされる[1]。

Reference

[1]　塩野宏（2001）『行政法Ⅲ　行政組織法〔第二版〕』有斐閣

> **自治立法権**：条例その他の地方自治体の法規を制定する権能
> **自治行政権**：地方自治体が担当すべき事務範囲を定め、自ら処理する権能
> **自治財政権**：地域の行政需要を賄う財源としての課税権、起債の権限
> **自治組織権**：地方自治体の長、議会などの組織について定める権能
> **参　加　権**：国の行政施策、法令制定手続に地方自治体が意見を述べる等の手段により関与する権能

　もし、法令に違反して条例を制定した場合は無効となる。この「法令に違反するかどうか」は、個々の条例を具体的に判断しなければいけない。そして、条例は法的根拠を伴っているという点も強調しておきたい[2]。

　条例の制定に関して、重要な規定は次のとおりである。

> **日本国憲法**
> **第94条**　地方公共団体は、その財産を管理し、事務を処理し、及び行政を執行する権能を有し、法律の範囲内で条例を制定することができる。

> **地方自治法**
> **第2条**　地方公共団体は、法人とする。

Reference
[2] 2005年12月、小田急線の複々線化に伴う高架化事業を巡り、世田谷区の沿線住民40人が騒音被害を受けるとして、国に事業認可の取り消しを求めた訴訟がある（小田急線訴訟）。この判決の中で注目されたのは、国の事業法令だけではなく、条例まで関係法令に含めて理解をし、一定の見解を出したという点である。この判決により、条例も法と同じように法的根拠の一部をなすことが明確に理解された。同判決では、原告適格について公害対策基本法に加え、東京都環境影響評価条例も参考にする必要があると述べられている。

> 2　普通地方公共団体は、地域における事務及びその他の事務で法律又はこれに基づく政令により処理することとされるものを処理する。
>
> **第14条**　普通地方公共団体は、法令に違反しない限りにおいて第2条第2項の事務に関し、条例を制定することができる。
> 2　普通地方公共団体は、義務を課し、又は権利を制限するには、法令に特別の定めがある場合を除くほか、条例によらなければならない。

◆条例の効力

条例の効力は、①時間的効力、②地域的効力、③人的効力、から検討することができる。順次、説明していく。

まず、時間的効力である。条例の施行期日は、附則で規定されるのが通例である。ただし、条例に特定の定めをしないと、公布日から10日を経過した日から施行される（地方自治法第16条第3項）。また、条例が廃止されれば、その条例の効力は失効する。

次に、地域的効力がある。条例は地方自治体の自主法規であるため、その効力は原則として、その地方自治体の区域内に限られる。このことを専門用語で「属地主義」という。

この属地主義を教科書的に説明すると、内外国人を問わず、その国の領域内にある限り、すべてその国の法律の適用を受けるべきであるとする主義のことを指す。つまり、国家主権の及ぶ領域内で犯された犯罪について、行為者の国籍いかんを問わず、その国の法律が適用されることである。このように書くと、属地主義が難しく感じられるかもしれない。しかし実は単純なことである。既に属地主義の回答を記述しているが、例えば、相模原市が制定した条例は相模原市域内においてのみ有効であり、八王子市や新宿区では適用されないことを意味している（普通に考えれば、当たり前のことである）[3]。

最後に、人的効力がある。条例は当該区域内に居住する住民に対

し、適用される。特段、条例において住民の定義を明記しない場合は、地方自治法に明記されている住民に限定されると解される。すなわち、「市町村の区域内に住所を有する者は、当該市町村及びこれを包括する都道府県の住民とする」（地方自治法第10条）であり、地方自治体の区域内に住所を有している者が住民となる。

しかし、条例によっては定義規定を設け、そこで住民を改めて定義づけることにより、住民の範囲を拡大する場合がある。図表3は、様々な条例における住民の定義である。

図表3から理解できるように、地方自治法における住民だけではな

図表3　様々な条例における「住民」の定義

条例名	制定日	住民の定義
神戸市民による地域活動の推進に関する条例	2004年3月31日	市内に住み、働き又は学ぶ者、市内で活動する地域組織、NPOその他の団体及び市内に事務所又は事業所を有する法人をいう。
川崎市自治基本条例	2004年12月22日	本市の区域内に住所を有する人、本市の区域内で働き、若しくは学ぶ人又は本市の区域内において事業活動その他の活動を行う人若しくは団体をいいます。
伊賀市自治基本条例	2004年12月24日	市内に在住、在勤又は在学する個人及び市内で活動する法人その他の団体をいう。
札幌市自治基本条例	2006年10月3日	市内に住所を有する者、市内で働き、若しくは学ぶ者及び市内において事業活動その他の活動を行う者若しくは団体をいう。
日進市自治基本条例	2007年4月1日	市内に居住する者又は市内で学ぶ者、働く者、事業を営むもの若しくは活動を行うもの等をいいます。
八王子市市民参加条例	2008年3月28日	市内に在住、在勤又は在学する個人並びに市内に事務所又は事業所を有する個人及び法人その他の団体をいう。

Reference

［3］　一方で、属人主義という考えがある。属人主義とは、人の居る場所を問わず、原則として本国法の適用を受けるべきであるとする主義のことをいう。

く、条例の内容によっては、市民の意味が滞在者にも及ぶことは可能である。これは、国籍のいかんを問わない。ただし、国際法上、治外法権を有する者については適用されない。治外法権とは、国際法上、特定の外国人（外国元首・外交官・外交使節など）が滞在する国の法律、特に裁判権に服さない権利のことをいう。

M研究員のメモ

時間的効力の意図的制限

　条例の規定に次の規定を設けることにより、時間的効力を制限することが可能である。それは、①見直し規定、②サンセット規定、③時限規定、である。以下で説明する。

①見直し規定
　ある期間が経過した後に、条例を見直す規定である。例えば、「この条例は、その運用状況、実施効果等を勘案し、第※条に規定する目的の達成状況を評価した上で、この条例施行の日以後5年ごとの見直しを行うものとする」という規定である。

②サンセット規定
　サンセットとは「日没」という意味がある。そこから転じて、自治体政策において「サンセット」という場合は、「あらかじめ終わりの日を設定しておく」という意味になる。条例においては、「期限を限った規定」を意味しており、あらかじめ条例に終期を明示しておく規定である。
　例えば、「この条例は、その運用状況、実施効果等を評価した上で、平成22年3月31日までの間に見直しを行うものとする」や「この条例の施行後5年を目途として、この条例の施行の状況について検討し、その結果に基づいて必要な規定の見直しを行うものとする」という規定がサンセット規定となる。

③時限規定

　ある期間が経過したら、自動的に条例が廃止される規定である。例えば、「この条例は、平成22年3月31日限り、その効力を失う」と明記する規定である。

　自著『議員が提案する政策条例のポイント―政策立案の手法を学ぶ』では、議員が政策条例を提案する際には、「見直し規定を入れておくべき」と主張した。

　その理由は、①まず「ある政策課題（例えば、近親者虐待や犯罪被害の防止など）は緊急性を要するために、とりあえず議員提案により政策条例をつくって対処しましょう」という考えにより、政策条例を提案する。②そして、「もし提案した政策条例に不備があったら、『見直し規定』に基づき政策条例を定期的に加筆・修正等見直していきましょう」という考えである。

　もし「見直し規定」がない状態で議員が政策条例を結実させ、その後、実現した政策条例に間違いが見つかった場合があると想定する。そのときは、わざわざその条例の改正条例を提案しなくてはいけない。これは意外に根回しや関係機関への調整などが面倒であったりする。また、改正条例が必ずしも成立するとは限らない。それならば、はじめから「見直し規定」を入れておいたほうがよいと思われる。

　また、社会現象は日ごとに変化している。数年前に制定した条例が時代遅れになり、役立たないことが多々ある。特に犯罪などは、従来の法的見地からは想定していない様々な犯罪手法が相次いで登場し、常に新しい規定を加えなくては対応できない。つまり、**政策条例をブラッシュアップする意味でも、見直し規定は入れておいたほうがよい**と考える。

2　条例における罰則規定

　条例には罰則を設けることができる。しばしば**条例の実効性を担保するために、条例違反者に罰則規定を設ける**場合がある。ちなみに、条例の実効性の確保は、条例に罰則規定を設けるだけではない。実に様々な手段がある[4]。この罰則は、懲役・禁錮・罰金・拘留・科

図表4　条例における罰則について

- 行政刑罰
  - 懲役・禁錮：2年以下
  - 罰金：100万円以下
  - 拘留：1日以上30日未満
  - 科料：1,000円以上1万円未満
  - 没収
- 秩序罰 ── 過料：5万円以下

注）行政刑罰とは、行政が加えられる罰が刑法に刑名があるものをいう。行政刑罰は、刑事訴訟法の定めるところにより、検察官の起訴を受けた裁判所の判決により科される。

秩序罰とは、行政秩序に障害を与える危険性があるものに対して科される制裁である。秩序罰には、過料の名称が与えられるのが一般的で、軽微な義務違反が想定されている。なお、専ら金銭罰の形態を採用する。

行政罰の一種である「過料」（同じ読み方）と区別する意味で、科料を「とがりょう」と読み、過料を「あやまちりょう」と読むことがある。

料・没収・過料がある（図表4）。

　例えば、「新宿区空き缶等の散乱及び路上喫煙による被害の防止に関する条例」は、第14条に「美化推進重点地区内において、第7条の規定に違反した者は、2万円以下の罰金に処する」と罰則規定を設けている。この条例における罰則に関する根拠は、地方自治法第14条第3項に明記されている。

地方自治法
第14条
　3　普通地方公共団体は、法令に特別の定めがあるものを除くほか、そ

Reference
［4］　図表4のとおり、条例で規定できる罰則は一定の範囲内に限られている。そのため、一定の時間が経過すると、罰則が「風景化」し（慣れてしまい）、抑止力としての効果が形骸化する可能性も捨てきれない。また、条例に罰則規定を設けて、実効性を担保しようと思っても、条例を検討する際、検察当局との連携強化など実務上の運用改善を含め、実際の取締りなど、いかに実効性の確保を図るかが、しばしば問題となる。

の条例中に、条例に違反した者に対し、2年以下の懲役若しくは禁錮、100万円以下の罰金、拘留、科料若しくは没収の刑又は5万円以下の過料を科する旨の規定を設けることができる。

　条例に設けることのできる罰則は、懲役・禁錮・罰金・拘留・科料・没収・過料がある。 これらの意味について、一般的に使用される内容を簡単に説明しておこう。まずは、行政刑罰の懲役・禁錮・罰金・拘留・科料・没収である。

【懲役】

　自由刑の一種である。自由刑とは犯罪者の自由を奪う刑罰である。自由刑として、ほかに禁錮と拘留が存在する。懲役は受刑者を刑事施設に拘置して所定の作業を行わせる刑罰であり、刑法では最も一般的な刑である（刑法第12条）。そして、条例で規定できる懲役は2年以下である。

　有期懲役の場合、上限が20年（刑が加重される場合は30年）、下限は1か月である。一方で、無期懲役は満期が存在しないことから、有期懲役より重い刑罰である。無期懲役は死刑に次ぐものとされている。ただし、無期懲役の受刑者は、おおむね20年〜40年（刑法上は10年を経過した後とされている）で仮釈放が認められることがある。ちなみに、仮釈放による社会復帰の可能性がなく、終生にわたって身体の自由を拘束されるものを絶対的終身刑（絶対的無期刑）と呼ぶ。現時点の日本においては、絶対的終身刑はない[5]。

Reference

[5]　アメリカでは犯罪に対する刑期として、懲役300年や禁錮200年などがある。しかし、日本には、このような刑期はない。なぜならば、複数の犯罪に対する刑は、日本では最も重い罪を基準にして決められるからである。一方でアメリカは、刑期の決定には累積（併科）方式を採用しており、それぞれの犯罪に対して刑期を累積するため、懲役300年などがでてくる。

【禁錮】

禁錮も自由刑の一種であり、受刑者を刑事施設に拘置する刑罰である（刑法第13条）。自由刑である懲役との違いは、懲役では「所定の作業」を行わなければならないのに対して、禁錮ではただ拘置することのみが定められていることにある。つまり、役務を科されない。

【拘留】

自由刑の一種であり、受刑者を刑事施設に拘置する刑罰である。1日以上30日未満の範囲で科される（刑法第16条）。同種の刑罰である禁錮より短期間である。身柄拘束を伴うが、刑法の規定上は罰金より軽い刑となっている。なお、同じ「こうりゅう」の読み方に「勾留」がある。

この勾留とは、裁判所又は裁判官が、被疑者・被告人の逃亡又は罪証の隠滅を防止するため、これを拘禁する強制処分のことをいう。

【罰金】

罰金は財産刑（財産を剥奪する刑罰のこと）の一種であり、行為者から強制的に金銭を取り立てる刑罰である。罰金の最低額は1万円とされている（刑法第15条）。罰金は、「国家が個人や法人に科すものである」ため、個人が個人や法人に罰金を科すことはできない。

【科料】

財産刑の一種であり、受刑者の財産を強制的に徴収する刑罰をいう。同種の刑罰である罰金より小額であり、1,000円以上1万円未満とされている（刑法第17条）。この科料は、比較的軽微な犯罪に対して科される。科料を完納できない者は、1日以上30日以下の期間労役場に留置される（第18条第2項）。なお、過料（かりょう）と区別する意味で、科料を「とがりょう」と読み、過料を「あやまちりょう」ということがある。

【没収】

　没収も財産刑に入る。没収は、犯罪に関係のある物の所有権を国に移し、国庫に帰属させる刑罰である。例えば、刑法第19条に規定されるほか、各種の特別法に規定がある。この没収は付加刑でもあるため、主刑（懲役・禁錮など）から独立して、この刑罰を単独で科すことはできない。つまり、付加刑は主刑を言い渡す場合に、それに付加して科すことのできる刑罰である。

　そして、条例においては、秩序罰としての「過料」がある。秩序罰は、行政秩序に障害を与える危険性があるものに対して科される制裁である。過料は、軽微な義務違反が想定されている。なお、専ら金銭罰（金銭を徴収する制裁）の形態を採用する。

【過料】

　過料は、罰金や科料と異なり、刑罰ではない。つまり、刑法や刑事訴訟法が適用されない。現在では、法令違反や条例違反に対して、国や地方自治体が私人に科すものとなっている。

　教科書的になるが、この過料は、①秩序罰としての過料、②執行罰としての過料、③懲戒罰としての過料、としての側面がある。まず、秩序罰としての過料とは、あくまでも行政上の秩序に障害をもたらすような場合などに行政手続によって科される軽微で、しかも能率的な制裁措置である。例えば、行政上の義務違反に関するものが該当し、条例や規則の違反に対する場合に採用される。

　次に、執行罰としての過料がある。執行罰とは、行政上の義務を義務者が怠る場合に、行政庁が一定の期限を示し、もし期限内に履行しないか履行しても不十分なときは、過料を科することを予告して、義務者に心理的圧迫を加える方法によって、将来に向かって義務の履行を強制する行政上の強制執行をいう。この場合は、砂防法第36条に残るのみである[6]。

　最後に、懲戒罰としての過料がある。一般に懲戒とは、規律維持の

ため義務違反に対し制裁を科すことをいう。その例として、裁判官分限法第2条、公証人法第80条第2号などがある。2009年からスタートする裁判員制度において裁判員（又は裁判員候補者）の虚偽記載や出頭義務違反などに科される過料（裁判員の参加する刑事裁判に関する法律第111条・第112条）は、この懲戒罰としての過料に当たると解される。

3　規則と要綱の確認

◆規則とは何か

地方自治体が制定できる法規には、条例に加え「規則」もある。この規則とは、地方自治体の長（知事・市区町村長）が、地方自治法の規定に基づき、国の法令に違反しない限りにおいて、その権限に属する事務について制定する法規である（地方自治法第15条第1項）。

また、地方自治体の長のほか、教育委員会、公平委員会などの執行機関も、その権限に属する事務に関して、国の法令又は条例に違反しない限りにおいて、規則を制定することができる（地方自治法第138条の4第2項）。

地方自治体の長が定める規則は、規則に違反した者に対し、法令に特別の定めがあるものを除くほか、5万円以下の過料を科する規定を設けることができる。

この**規則は条例と異なり、議会の議決を経ず長が制定する**ものである。その理由は、規則は「執行機関の権限に属する事務について制定する法規」であるため、住民の権利を制限したり、義務を課したりし

Reference

［6］　砂防法第36条　私人ニ於テ此ノ法律若ハ此ノ法律ニ基キテ発スル命令ニ依ル義務ヲ怠ルトキハ国土交通大臣若ハ都道府県知事ハ一定ノ期限ヲ示シ若シ期限内ニ履行セサルトキ若ハ之ヲ履行スルモ不充分ナルトキハ五百円以内ニ於テ指定シタル過料ニ処スルコトヲ予告シテ其ノ履行ヲ命スルコトヲ得

　なお、旧河川法第53条に1965年4月1日の廃止まで執行罰が残されていた。

◆要綱とは何か

　条例や規則に関連して、要綱についても言及しておく。**条例や規則が法的根拠を伴うのに対し、要綱は法的根拠がない**。この要綱は、地方自治体が行政指導の際の準則（準則とは、準ずべき、のっとるべきものをいう）として定める内部的規範である。**住民に対しては法的拘束力を持たない**。しかし、従前は地方自治体は行政指導の基準として要綱を作成し、それに基づいて指導する傾向が強かった。

　そして、要綱を基準とした行政運営を要綱行政という。要綱行政とは、法律や条例などの法規に基づくことなく、行政機関の内部的規範である要綱に基づいて行われる行政指導である。この要綱行政は、法的根拠を伴わないため、行政運営を進める際、しばしば不安定になる。そこで、**昨今では既存の要綱を整理し、必要ない要綱は廃止し、必要な要綱は条例や規則に変更するケースが目立っている**。

4　政策条例の確認

◆政策とは何か

　上記で、条例の意味を簡単に理解した（また、規則や要綱についても確認した）。次いで、本書で取り扱う政策条例の定義を明確にする。まずは前2文字の「政策」について考える。政策の意味を辞書で調べると、「1．政府・政党などの施政上の方針や方策。2．目的を遂行するための方針・手段」とある。

　今日、様々な学識者が政策の意味づけをしている。例えば、次の各定義がある。

- 政府が、その環境諸条件又はその対象集団の行動に何らかの変更を加えようとする意図のもとに、これに向けて働きかける活動の案（西尾勝（1993）『行政学』有斐閣）。
- 自治体の取り組みによって解決すべき問題は何か、自治体が解決（達成）しなければならない課題は何か、を明確に示すことによって、具体的な行動プランである事業の方向性や狙いを表明したもの（真山達志（2001）『政策形成の本質―現代自治体の政策形成能力―』成文堂）。
- 一般的に、ある問題を解決するための行動の指針であり、目標と手段がセットになっているもの（新藤宗之（1999）『自治体公共政策論』島根自治体学会）。
- 公共政策とは、社会全体あるいはその特定部分の利害を反映した何らかの公共問題について、社会が集団的に、あるいは社会の合法的な代表者がとる行動指針である（宮川公男（1995）『政策科学入門』東洋経済新報社）。

　これらの定義を参考にして、筆者は**政策の意味を「国や地方自治体といった行政機関が抱える問題の解決を図るため、また、国民や住民など行政の利害関係者のよりよい生活や環境などを維持・創造していくために示された方向と対応を示すもの」**と捉えている。

　そして、明確な政策とは、社会ニーズや住民ニーズを踏まえた上で、それを満たすために戦略的にどのような行政運営を行うかを明示することである。その中でも、昨今では、地方自治体は住民などと協働し、住民などと共有した目標の達成に向けた明確な役割分担を示していくことが重要である。

　ここで記した「政策を志向していく条例」が「政策条例」になるが……読者は理解できないであろう（執筆している筆者も、この定義では納得できない）。自著『議員が提案する政策条例のポイント―政策立案の手法を学ぶ』では、「議会や議員の身分等に関する条例以外の

政策的な行政関連条例」を政策条例と定義している。これは、主語が地方議会や地方議員としたときの政策条例の定義である。

◆政策条例とは何か

　再度、地方自治体が必ず条例を制定しなくてはいけない場合を考える。すると、次の4つのケースが思い浮かぶ。既に記したが、①住民の権利・義務・規制に関する条例、である。そして、②重要な自治体組織に関する条例、③住民の負担の根拠を定める条例、④公の施設の設置管理条例、である。この4点については、地方自治法やその他の法律により、条例を制定することが必須とされている。

　この4つの場合による条例の制定は、必ずしも地方自治体が独自の判断で立案した条例ではない。また、積極的に「よりよい生活や環境などを維持・創造していくために示された方向と対応を示すもの」というわけでもない。そこで、この4つのケースによる条例の制定は、本書では基本的に政策条例とは捉えない（ただし、①の場合はケース・バイ・ケースで政策条例となる）。

　上記の4点に加え、地方自治体が条例を立案するときは、もう一つある。それは、⑤必ずしも条例の制定は必要ではないが、**自治体政策の内容を明確にし、地方議会の議決を経て地方自治体の意思とするために制定される条例**、である。**本書では、このケースを「政策条例」として捉えたい**。すなわち、上記の①～④以外の条例を政策条例と捉えることにする[7]。

Reference

[7]　議員が独自に提出する条例をもって、「政策条例」とする考えもある（兼子仁・北村喜宣・出石稔共編（2008年）『政策法務事典』ぎょうせい）。

5　条例に息吹を吹き込んだ地方分権一括法

◆議員提案政策条例の増加

　地方分権一括法は大きな地殻変動を起こした。その一つが、「議員」（議会）が「政策条例」を議会に「提案」する傾向の拡大である（議員提案政策条例）。現時点で入手できるデータによると、社団法人地方行財政調査会が都道府県議会を対象にした議員提案政策条例の調査をしている。同調査によると、1990年が3本であり、その後1990年代は低水準で推移し、2000年に12本制定されている。2001年が10本、そして2002年が18本、2004年が28本、2005年が18本となっている。

　ここで注目すべきは、**2000年以降、右肩上がりで議員提案政策条例が急激に増加していることである。この理由は、地方分権一括法が影響していることは間違いない。**

　この議員提案政策条例の機運は、年ごとに強まっており、昨今では多くの地方議会（地方議員）が積極的に政策条例の提案に取り組んでいる。例えば、熊本県議会は、国営川辺川ダム（相良村）の建設で大きな影響を受けた五木村の振興策について、議員提案による「熊本県五木村振興推進条例」を可決している。同条例は、五木村の振興を県政の重要課題と位置づけ、明文化することで推進を図ることが目的である。

　また、三重県議会は食品関連業者が商品の自主回収を行った際、その旨を県に報告し、県民に公表することなどを義務づけた「三重県食の安全・安心の確保に関する条例」を可決した。同条例の立法事実（背景）は、老舗和菓子屋「赤福」による消費期限の偽装などの発覚により、様々な被害が多方面にわたったことによる。同条例は、議員提案による規制条例であり、食の安全は生産から消費までの各段階において、県民の健康への悪影響を未然に防止することを目的としてい

る。

　さらに、鹿児島県議会は県民一体で観光振興を図るため、基本指針となる「かごしま観光立県基本条例」の議員提案での制定を目指している。同条例は、2009年3月25日に可決し、27日に公布され、4月1日から施行されている。

　このように、**地方議会が積極的に議員提案政策条例に取り組んでおり、この契機となったのは、地方分権一括法と考えられる。**

◆条例制定権の拡大

　地方分権一括法により、「条例制定権の拡大」が促された。既に指摘したが、地方自治体は、憲法により条例を制定する権限が与えられている。しかしながら、地方分権一括法以前にあった機関委任事務に関しては、地方自治体が条例を制定することができなかった。

　機関委任事務とは、法令により、国の事務を地方自治体の首長に委任したものである。国の事務ということで、首長は国の下部機関と位置づけられ、大臣の指揮監督下におかれていた。また、地方議会は機関委任事務については議決権を持たず、条例を制定することもできなかった。この機関委任事務は、都道府県の事務の7割から8割、市区町村の事務の3割から4割を占めているといわれてきた。この機関委任事務が地方分権一括法により廃止され、自治事務と法定受託事務に区分されることとなった。

　地方分権一括法により、機関委任事務が廃止されたことで、地方自治体はほとんどの事務について、法律の範囲内で自由に条例を制定することができるようになった。そのため、今日では、地域性を反映したおもしろい条例が多く誕生してきている。

　繰り返すが、条例とは、地方自治体が「法令の範囲内」において制定する自主法規である。そのため、法令に反して条例を制定した場合は無効となる。法令に違反するかどうかは、個々の条例を法令の文言のみならず、その趣旨・目的・内容・効果を比較し、両者の間に矛盾

抵触があるか否かによって、具体的に判断しなければいけない。

　いずれにしろ、今日では、地方自治体が条例を制定する際、よるべきは、憲法第92条と第94条、地方自治法第14条第1項、さらに国と地方自治体との役割分担のあり方を規定する地方自治法第1条の2、そして立法・解釈原則を規定する同法第2条第11項から第13項などだけとなっている。このように条例を規定する範囲が限定されるため、革新的な地方自治体では、かなりユニークな条例が登場している。

　次章では、地方分権の時代におけるユニーク条例を紹介する。

M研究員のメモ

都市間競争は正しいのか

　前章では、都市間競争の視点を言及した。一般論として、都市間競争はゼロサムゲームである。人口減少の時代においては、どこかの地方自治体が勝てば、必ずどこかの地方自治体が負けることを意味している。このことに対して、「これでいいのか？」という疑問はある。

　しかし、現時点の筆者の見解は「都市間競争はそういうもの」であり、「勝ち負けがでることは仕方ない」と考えている。

　都市間競争の時代だから、多くの地方自治体が「負けないように、いい政策を開発しよう」と努力している。これはいい傾向である。都市間競争の結論として、勝ち負けが出ないと、頑張った地方自治体は報われない。その結果、「ならば頑張らないで、誰かに施してもらおう」体質の地方自治体が増加してしまうような気がする。

　ただし、頑張ろうにも「頑張れない地方自治体がいる」ことも確かである（特に、先日、調査を実施した中山間地域の集落などは、それに該当する）。そのような地方自治体は、やはり、国や都道府県が手を差し伸べてあげなくてはいけないだろう。だからといって、国や都道府県がすべてを施してあげると、やはりいけない。つまり、国や都道府県は、頑張れる「チャンス」をあげたり、頑張れるための素地づくりに徹するべきであ

る。
　結局は、都市間競争を前提としつつ、敗者が勝者になれるシステムも作っておくことが必要である。今の都市間競争は、「敗者が勝者になれるシステム」という温かな視点が少ない。その意味では、問題があるのかもしれない。

第3章 いろいろと楽しいユニーク条例

　自著『議員が提案する政策条例のポイント―政策立案の手法を学ぶ』を出版してから、筆者は多くの地方自治体や地方議会（地方議員）などからお声がかかり、講演や職員研修を担当する機会を多々得た。それらの講演や職員研修において、話の小ネタとして、いくつかユニーク条例を紹介した。これが実に評判がよかった（と勝手に思っている）。そこで、本書においても、いくつかユニーク条例を紹介したい。

　なお、第1章でも指摘したが、ユニーク条例の目的化には注意してもらいたい。本章でユニーク条例を紹介しているのは、「条例に親近感を抱いてもらいたい」という意図があるからである。

1　ユニーク条例とは何か

◆ユニーク条例の定義

　本書における**ユニーク条例**とは、「**他地方自治体にみられない、当該地方自治体の地域性や住民性、空間的特徴などを考慮したり、当該地方自治体の特有の問題に対処した条例**」と簡単に定義している。

　自著を読まれていない読者のために、簡単にユニーク条例の現状を紹介する。2003年に日経産業消費研究所（現在は「日本経済新聞社産業地域研究所」）は、全国のユニーク条例の推移を調べている（同調査は677市・東京23区を対象に実施している）。同調査によれば、ユニーク条例は1993年の時点では2条例しかなかったが、2003年では47条例となっている。特に2000年から増加している。そして、今日では従来にはみられなかった条例（つまりは、ユニーク条例）が多く登場

しつつある。

　例えば、青森市は「青森市市民とともに進める雪処理に関する条例」(以下、「青森市条例」とする) がある。青森市条例は、市民総ぐるみで効率的かつ秩序ある雪処理を行うため、青森市と市民、事業者の果たすべき責務を明らかにし、互いの協力により雪を克服し、住みよい雪国都市の構築を図ることを目的としている。これもユニーク条例に当てはまると思われる。

　青森市条例のような内容の条例は、「阿賀野市克雪条例」や「倶知安町みんなで親しむ雪条例」「横手市雪となかよく暮らす条例」「妙高市雪国の生活を明るくする条例」など、雪国においては少なくない。

　雪に悩む地方自治体があれば、水に悩む地方自治体もある。福岡市には「福岡市節水推進条例」があり、松山市(愛媛県)には「松山市節水型都市づくり条例」(以下、「松山市条例」とする) がある。松山市条例は、松山市や住民が協働し、健康で文化的な生活を営む上で必要不可欠な水資源が有限であるということの共通認識を前提にして、節水型都市づくりを総合的かつ計画的に推進し、豊かで潤いのある地域社会の実現を図ることを目的に制定された。このように、今日では地域の特性に合致した政策条例の潮流が強まりつつある。

◆子誉め条例vs愛のムチ条例

　井原市(岡山県)の「井原市子誉め条例」(以下、「井原市条例」とする)も、ユニーク条例と思われる。井原市条例は全5条から成立しており、第1条に「この条例は、井原市の小・中学生の善行又は優れた成績を誉め、心身ともに健全な児童生徒を地域ぐるみで育成することを目的とする」とある。

　同条例の構造はシンプルであり、小・中学生を対象に、地域住民及び学校長は、善行を行った者又は他の規範となる者を市長に推薦し、市長はこれを表彰すると定めている。ちなみに「少年キラリ賞」という。少年キラリ賞は、挨拶がよくできる子や困っている人を助けた

り、人の生命や財産を危険から守った子などが選定基準となっている。

　今日では、この「子誉め条例」は全国的に広がりつつある。筆者は「人は『承認欲求』を満たしてあげると伸ていく」と思っている。承認欲求とは、「他人から認められたいとする感情の総称」である。その視点に立つと、この**「子誉め条例」は「承認欲求」を満たそうとしているため評価できる。**

　子誉め条例がある一方で、「愛のムチ条例」や「愛げんこつ条例」ができてしまうかもしれない。ある有名な知事が、「『愛のムチ条例』や『愛げんこつ条例』ができないか。検討に値するかもしれない」と発言したそうだ。報道陣が「殴っても罰せられない条例ということか」と確認すると、知事は「そうですね。愛をもって、愛のムチであるという範囲内で、宮崎県で条例化できないかと思う。検討に値するかもしれない」と答えた（「読売新聞」2008年6月19日）。まさに地方分権の時代、世の中には、いろいろな条例があるものだ。

　ところで読者に質問である。この「愛のムチ条例」や「愛げんこつ条例」を制定することは可能だろうか。ちなみに本書の執筆時においては、このような条例はできていない。この回答は、次の「M研究員のメモ」の後にあるため、読者は考えてから、「M研究員のメモ」に進んでもらいたい。

M研究員のメモ

褒められる気分はお金をもらう気分と同じこと！

　筆者は、承認欲求に可能性を感じている。この承認欲求とは、「周囲から認められたい」という考えである。つまり、積極的に褒めたり、個人名を表に出すことなどにより、組織の内外から活躍を承認されることで、人

の意欲を高める一手段である。

　例えば、米国のギャラップ社が、様々な業種の企業に勤務する40万人以上の従業員を対象に行った調査によると、承認や称賛は、所属部門の生産性、利益、安全性、並びに顧客の忠誠心を高めるということが明らかになっている[注]。

　ある地方自治体は、管理職に支給する勤勉手当について、大幅な「成果主義」を導入しているそうだ。同制度は優秀な管理職に対する評価に重点を置いており、高い評価を受けた職員と低い評価を受けた職員との間では、年間支給総額で最大100万円以上の格差が生じることになる。

　この評価制度では、勤務成績を5段階で評価し、最高の「5」の場合、受給額を最大で63.5％増額する。一方で、最低の「1」では25％減らす。部長級職の平均的な勤勉手当の128万円（年額）を基に計算すると、同制度により、最高で約210万円、最低で96万円となる。

　しかし、このような金銭的報酬による評価は行き詰まりがくることは間違いない。そもそも自治体職員が「お金」が目当てならば、職業選択の際に民間企業に勤務しているはずである（ちなみに、上記の「最大100万円の差」という記事を読んだとき、筆者は「働かなくても、最低の96万円をもらえるのか……」と思ってしまった。この点は、地方自治体の甘いところであると思う。なぜならば民間企業ならば最低評価は0円になる可能性があるからだ）。

　また、大学共同利用機関法人自然科学研究機構生理学研究所の定藤教授らの研究グループは、人が褒められたときと、現金などの報酬を受け取ったときに、脳内の同じ部位が反応していることを突き止めた。

　定藤教授は「子どもは褒めると育つと言われるが、褒めることも金銭や食物と同様の『報酬』として脳内で処理されていることが明らかになった」と話している。この研究成果は、米国脳科学専門誌「ニューロン」に掲載されている（「毎日新聞」2008年4月24日）。すなわち、褒められる気分はお金をもらう気分と同じということである。お金を渡すことは有限だが、褒めることは無限である。だから、どんどん褒めたほうがよい。

　このような理由から（本当はもっとあるのだが、紙幅の都合上、ここまでとする）、筆者は、承認欲求に大きな期待を抱いている（筆者は褒められると伸びるタイプである）。

(注) Harter, J. K., Schmidt, F. L., & Killham, E. A. (2003, July). Employee engagement, satisfaction, and business-unit-level outcomes：A meta-analysis. Omaha, NE：The Gallup Organization.

さて、筆者の持つ回答である。答えのポイントは、**条例の制定には守らなくてはいけないルールの「法令に違反しない」ということが焦点**になる。そのように考えると、教師から生徒への実際の「愛のムチ」は、学校教育法第11条の体罰禁止規定に抵触する可能性がある。

> **学校教育法**
> **第11条** 校長及び教員は、教育上必要があると認めるときは、文部科学大臣の定めるところにより、児童、生徒及び学生に懲戒を加えることができる。ただし、体罰を加えることはできない。

判例（裁判所の判断）によると、学校教育法が禁ずる体罰は「度を越した体罰」を指しており、適切な体罰は「正当な懲戒」であると解釈されている。しかし、どこまでが大丈夫（正当な懲戒）で、どこからが体罰になると、厳密に線引きすることは難しいだろう。また、何をもって「正当」ということも曖昧である。

そして、学校教育法第11条を出すまでもなく、人に危害を与えたのならば（体罰をしたのならば）、刑法の傷害や暴行が適用される可能性がある。つまり、法令に違反することになる。

> **刑法**
> **（傷害）**
> **第204条** 人の身体を傷害した者は、15年以下の懲役又は50万円以下の罰金に処する。
> **（暴行）**
> **第208条** 暴行を加えた者が人を傷害するに至らなかったときは、2年

> 以下の懲役若しくは30万円以下の罰金又は拘留若しくは科料に処する。

　ここで話の小ネタを紹介すると、一般的に傷害罪は相手に全治1週間以上（2週間以上の場合もあり）のけがを負わせてしまったときに成立するとされる。全治1週間以内（2週間以内の場合もあり）は、暴行罪となる。

　これらを総合して考えると、「愛のムチ条例」や「愛げんこつ条例」の制定は厳しいものがあると判断される。そこで、筆者は「制定できない」と考える（これは解釈の世界であるため、いろいろな回答が導出できるだろう）。

2　こんな条例ありますか

　ここから、読者に質問である。次の内容を規定した条例があると思われるだろうか。以下、「〇」か「×」の二者択一で考えてもらいたい。問題は10問ある。十数行先には、回答を記している。そこで読者は、可能ならば一度自分で考えたうえで読み進めてほしい。読者なりの視点から、「〇」か「×」かという回答に加え、それを選択した根拠（理由）も考えてもらいたい。

> ①　独自色を出すために、前文に「方言」を用いた条例はありますか。
> ②　子どもにも理解できるように、ひらがなを多用した条例はありますか。
> ③　75歳以上の住民の医療費を無料とする条例はありますか。
> ④　空き地が放置され、雑草が生い茂ることは、よろしくないため、雑草などの除去を規定した条例はありますか。
> ⑤　茶どころ日本一を称えようとする条例はありますか。
> ⑥　ファミリーがインポータント！ラブがインポータントな条例はありますか。
> ⑦　地元の誇り、千代の山と千代の富士を記念した条例はありますか。
> ⑧　買い物したら、レシートは必ず持ち帰らなくてはいけないという条例はありますか。

⑨ 死者と結婚できることを認めた条例はありますか。
⑩ その名も「レンガのまちづくり条例」はありますか。

3 方言で作成された条例はありますか

　まず、①は「○」である。それは「高知市市民と行政のパートナーシップのまちづくり条例」（以下、「高知市条例」とする）である。高知市条例は、通称「まちづくり一緒にやろうや条例」といわれている。

　同条例は、市民と高知市の適切な役割分担とパートナーシップを柱として、市民のまちづくり活動を支援し、市民の手による自らの地域づくりの定着を目指している。また同条例は、高知市が施策や事業を進める上で、市民参加のシステムづくりを進めるための法的根拠という意味もあると推測される。

　この土佐弁で書かれた特徴的な条例の前文を記しておく。

高知市市民と行政のパートナーシップのまちづくり条例
前文

何でまちづくりをするが。
みんなあにとって、「のうがえいまち」にしたいき。
なんかあったときに、すっと助け合える関係でおりたいき。
このまちに住んじょって良かったと思えるようになりたいき。
市民も行政もまちづくりを進めたいと思いゆう。
悩みを共有したいし、喜びも分かち合いたい。
話をしたらみんなあ目指すところは一緒ながよ。
市民同士、市民と行政がうまいことつながったらえいねえ。
みんなあでまちづくりができるようになったらえいと思わん。
ほんで、この条例を、きおうてつくったがよ。
どう、まちづくり一緒にやろうや。

このように土佐弁であると、高知市出身以外の者には、伝えたい内容が分かったようで分からない。そこで、高知市は丁寧にも訳文も用意している。それも記しておく。

**高知市市民と行政のパートナーシップのまちづくり条例
前文の訳文**

なぜまちづくりをするのでしょうか。
みんなにとって、「居心地のいいまち」にしたいから。
何かあったときに、すぐに助け合える関係でありたいから。
このまちに住んでいて良かったと思えるようになりたいから。
市民も行政もまちづくりを進めたいと思っています。
悩みを共有したいし、喜びも分かち合いたい。
話をしたらみんな目指すところは同じなのです。
市民同士、市民と行政がうまくつながったらいいね。
みんなでまちづくりができるようになったらいいと思いませんか。
それで、この条例を想いをこめてつくりました。
さあ、まちづくりを一緒にやりましょう。

　高知市条例が、前文に土佐弁を用いた意図について、ホームページには「条例の呼び名と同じく、前文も、できるだけ市民にまちづくりに関心を持ってもらい、参加を呼び掛ける想いを直接的に表現するため、土佐弁（高知の方言）としました」と明記している[1]。

　この**高知市条例のように、方言で条例を書き込むことは、とてもよい試みと評価したい**。なぜならば、**その地方自治体の独自性が明確に打ち出せているからである**。また、**地域のアイデンティティも深まる**だろう。極めて高知市条例は特徴的であり、話題を集めることができ

Reference
［1］　高知市市民生活部まちづくり推進課のホームページを参照していただきたい。
　　　URL：http://www2.city.kochi.kochi.jp/deeps/10/1020/index.htm

る。もちろん話題づくりが目的化してしまったら本末転倒しており、よろしくない。話題づくりのための条例ではなく、「条例をしっかりと作る」ということが大前提にあることは言うまでもない。

4　子ども向けに「ひらがな」を多用した条例はありますか

次に②であるが、こちらも「○」である。これは「豊島区子どもの権利に関する条例」（以下、「豊島区条例」とする）である。豊島区条例は、次の呼びかけで始まっている。

豊島区子どもの権利に関する条例
前文（一部のみ抜粋）

子どものみなさん
あなたの人生の主人公は、あなたです
あなたのことは、あなたが選んで決めることができます
失敗しても、やり直せます
困ったことがあったら、助けを求めていいのです
あなたは、ひとりではありません
私たちおとなは、あなたの立場に立って、あなたの声に耳を傾けます
あなたがあなたらしく生きていけるように、いっしょに考えていきましょう
あなたという人は、世界でただ一人しかいません
大切な、大切な存在なのです

豊島区条例の対象者は「子ども」である。それならば、子どもに理解されなくては、豊島区条例の意味がなくなってしまう。そのような意図もあり、前文はひらがなを多用して、分かりやすい表記にしたと思われる。この豊島区条例は、子どもの権利の内容を明らかにし、子どもの権利を守り、成長を支援する仕組みを定めることにより、子どもの権利を保障することを目的としている。

また「世田谷区子ども条例」(以下、「世田谷区条例」とする)も紹介しておきたい。世田谷区条例は、子どもが健やかに育つことができるよう、基本となることがらを定めている。この**世田谷区条例も、子どもに親しみを抱いてもらうために、「ですます」調で明記されている。そして、難しい漢字にはふりがなを振っている**。少しでも、「**子どもたちに読めるように**」という配慮が感じられる。

　この豊島区条例も世田谷区条例も、子どもの定義は「18歳未満」としている。子どもを18歳未満とする背景は、日本が批准している「児童の権利に関する条約」において、「児童とは、18歳未満のすべてのものをいう」と定義されているからである[2]。

　豊島区条例も世田谷区条例も「子どもたちに分かってもらいたい」という思いが伝わってくる。当たり前だが、条例は理解されてこそ意味がある。理解されるにはシンプルが一番である。シンプルというのは書き方や表記に加え、条例の構造も明瞭かつ平易にする必要がある。

　既存の条例の中には、**一読しただけでは、まったく意味が分からない条例がある。これはナンセンスである。難解な文言はなくし、小学生が読んでも理解できる条例にしていく必要がある**。その意味では、豊島区条例や世田谷区条例は、筆者の理想に近い。ちなみに、アメリカの大統領演説は、どんな人でも理解できるように、プレインイングリッシュ(平易な英語)が主流である。条例も、是非「平易な条例」を目指してほしい。

Reference

[2]　日本が批准した条約は、国内法として受容され、法律より優先する(憲法第98条第2項)。つまり、国が批准した条約は法律と同等、あるいはそれ以上の法規性を持つと解される。

5　高齢者の医療費を無料とした条例はありますか

　この③の回答も「○」である。日の出町（東京都）にある。厳密にいうと、2009年4月1日から施行された。日の出町の町議会は、75歳以上の高齢者の医療費を無料化するための「日の出町お年寄りにやさしい福祉基本条例」（以下、「日の出町条例」とする）を賛成多数で可決した。

　日の出町条例は、後期高齢者医療制度の自己負担分（原則1割）を全額助成する仕組みで、地方自治体による医療費の無料化は全国的にも珍しい。同条例によると、所得制限は設けない。町内に3年以上居住していることを条件とし、75歳になった人が人間ドックを受診する費用も助成する。

　日の出町条例による財政負担について言及すると、実施時点において、町の人口の1割を超える約1,800人が対象となり、年間助成額の約8,500万円を一般会計に盛り込むとされる。まさに日の出町は、「日本一お年寄りにやさしい町」になろうとしている。

　この日の出町条例の前文からも、同町の熱い思いが伝わってくるため、記しておきたい。

日の出町お年寄りにやさしい福祉基本条例
前文

　日の出町は、すべての町民が、豊かな自然と文化的な環境の中で、安全、安心に、元気でいきいきと生活できるように、これまで社会基盤を整備し、福祉、教育の充実を図り、環境を保全するとともに、産業を振興すること等に努めてきたが、今後ともこれらの施策を推進し、町の均衡ある発展を図っていかなければならない。

　現在の日の出町が存在するのは、高齢者をはじめとする先達の努力と

将来を見通した先見性に負う所が多いが、他方で、わが国の高齢化は世界最速で進み、年金、介護、高齢者医療などの社会保障をはじめとして、高齢者をとりまく社会経済状況には厳しいものがある。

　このような中にあって、高齢者が元気で日常生活を営み、また、地域社会の構成員として活躍していくためには、本人の健康管理、健康増進等の努力に加え、日の出町が高齢者に報いる施策を充実して実施していくことが不可欠である。

　日の出町は、これまでの高齢者のご苦労に報いるとともに、今後ともますます壮健で地域社会の一員として活躍され、暮らしていただくこと、そして高齢者から次代を担う若者に、町のよき伝統、風習が受け継がれていくことを願って、この条例を制定する。

　高知市条例と豊島区条例、そして日の出町条例の「前文」を紹介した。そこで、条例の前文に書き込む一般的な傾向を指摘しておく。

　前文は条例の制定の由来や経緯、その条例の基本原理を書き込む場合が多い。また、前文は条例と一体となる法的性質を持つ。そして、一般的には前文は政策条例につけられる場合が多い。手続き条例や設置条例など、法令に基づき制定される条例に前文が書き込まれる傾向は（少）ない（「手続条例」や「設置条例」の意味は、56頁で言及している）。

　さらに、前文は条例の各規定の解釈基準になるとされる。そのため、「解釈基準としての前文をどのように規定するか」を、各規定との関係から整理しておく必要がある。ただし、前文は条例の他の規定（ここでいう他の規定とは、前文より後にある総則的規定や実体的規定などの諸規定）と比較すると、面倒な条例技術はそれほど必要なく、自由に書き込めるという特徴も持っている。

　例えば、横須賀市環境基本条例（1996年制定）には、前文で「すべての市民は、安全かつ健康で文化的な生活を営む上で欠くことができない環境の恵みを享受する権利を有する」と掲げ、当時としては珍し

い「環境権」[3]を書き込んでいる。

　この環境権を条例の中で一つの規定として書き込むことは、当時として勇気がいることだったと思われる。その理由は、環境権の定義が曖昧であり、法的にも不明瞭であるからだ。そこで、条例立案者は一つの規定として条例に書き込むのではなく、比較的自由に書き込むことができる前文に環境権の規定（エッセンス）を書き込んだと思われる。

　ちなみに、筆者が横須賀市在職時にある上司から聞いた話によると、この横須賀市環境基本条例の前文には、ある歌人の歌も入れようとしたらしい。しかし、それは却下されたそうである。却下された理由は、筆者は知らない。

6　雑草の除去を目的とした条例はありますか

　この④の回答は「○」である。市原市（千葉県）の「市原市雑草等の除去に関する条例」（以下、「市原市条例」とする）である。この市原市条例における雑草等とは「雑草、雑木及び竹」と第2条で規定されている。同条例は「雑草等の除去に関し必要な事項を定めることにより、良好な生活環境の形成を図り、もって健康で安全な生活の確保に寄与すること」（第1条）が目的となっている。

　市原市条例は、土地所有者が不明で連絡が取れない場合でも、地域の町会などが市長と相談した上で草刈りができるといった規定を整えたのが特徴である。そして、雑草が周辺の生活環境に影響している場合の対応では、市長が必要に応じて除去命令を出し、従わない場合は

Reference
[3]　環境権とは新しい人権の一つであり、良好な環境の中で生活する権利のことをいう。具体的にいうと、きれいな空気や水、騒音のない静かな環境を享受する権利である。広くは自然環境のほかに道路・公園・文化施設などの社会的環境、さらには歴史的文化財などの文化的環境を求める権利として構成する立場もある。なお、新しい人権とは、環境権に加え、プライバシー権や肖像権などが挙げられる。これらの権利は、日本国憲法に定められていない。

5万円以下の過料を規定した点にも特徴がある。

　今日では、市原市条例と同様な条例は増加しつつある。それぞれの条例の立法事由は、景観形成の視点からか、あるいは空き地の適正管理の視点からか、それ以外の理由からか、筆者には明確には分からない。きっと同様な条例を制定する地方自治体には、その地方自治体なりの様々な合理的な理由があると思われる。

　例えば、「佐倉市空き地の雑草等の除去に関する条例」や「我孫子市あき地に繁茂した雑草等の除去に関する条例」がある（なぜか千葉県に多い）。少し特徴的な条例としては、「浦添市ハブによる被害の防止及びあき地の雑草等の除去に関する条例」がある。同条例は、浦添市（沖縄県）における、①ハブによる被害の防止、②あき地の雑草等の除去、に関して必要な事項を定めた条例である。一つの条例に、2つの事項が内包されているハイブリッド（異質なものの混成物）な条例である。

7　茶どころ日本一を称えようとする条例はありますか

　この⑤の回答も「○」である。静岡市にある。条例名は「静岡市めざせ茶どころ日本一条例」（以下、「静岡市条例」とする）であり、2009年4月1日から施行されている。同条例は施行後間もないため、条例の効果を明確に把握できていない。しかし、それでも「よく分からないが、とりあえず気になる条例」である。

　静岡市条例は、生活様式や流通の変化により、茶業の収益性や集散地機能が低下するなど、静岡市のお茶を取り巻く環境が厳しくなっていることへの危機感から、議員提案により制定された。

　この危機感を具体的に示すと、かつて静岡市は茶葉の栽培面積などで全国1位を誇っていた。しかし、2006年度に産出額と荒茶生産量で同県牧之原市にトップの座を譲り、2007年度には栽培面積でも南九州市（鹿児島県）に抜かれた。このことに対して、危機感を強めた静岡市は、「めざせ茶どころ日本一条例」を制定した。この条例のネーミ

ングからも意気込みが伝わってくるし、官民一体で「お茶の街」復権に知恵を絞るとしている。

　議員提案による政策条例は、このようなユニークな条例名がいいだろう。執行機関がつけようとする条例名は、どうしても堅苦しくなる傾向がある。その結果、条例を住民にとって疎遠にさせてしまう。この静岡市条例を執行機関が検討した場合は、「めざせ」や「日本一」という表記はなかったと思われる。そして「静岡市茶業振興条例」とか「静岡市茶産業活性化条例」などとなっているのではないか。**議員の発想力を生かして、特徴的な条例名をつけてもらいたい**と思う。もちろん、**条例の中身がしっかりしてこその「特徴的な条例名」**ということを忘れてはいけない。

　静岡市条例は、同市の重要産業である茶業の振興と、市民の豊かで健康的な生活の向上を目的としている。同条例では、①静岡のお茶は、その伝統及び文化が尊重されるとともに、新たな価値や需要が創造されることにより、常にその魅力が高められなければならない、②茶業は、地域社会の活性化に貢献する持続的な産業として育成されなければならない、などを基本理念に掲げ、静岡市と市民、茶業者の役割を明記している。

　また、静岡市に対しては、①茶業の健全経営確立や後継者育成、②安全かつ良質なお茶の安定供給、③市民の暮らしの中でのお茶の活用、などのための施策を盛り込んだ「茶どころ日本一計画」の策定を義務づけた（こちらも、なかなか名称がおもしろい）。そして、計画推進のために必要な財政上の措置を講じるよう努めることや、施策の実施状況を毎年度、議会に報告することも求めている。さらに、静岡のお茶の伝統、文化や産業などについて理解を深め、その魅力を国内外に発信するために、「お茶の日」を設けるとしている[4]。

　静岡市条例の全文も、本章の最後に記しておく。是非、一読願いたい。

8　ファミリーがインポータントな条例はありますか

　読者は、この質問に対して何が言いたいのか、分からないと思われる。この⑥の答えは、一応「〇」としたい。湧別町（北海道）の「湧別町 Family 愛 Land You 設置及び管理に関する条例」（以下、「湧別町条例」とする）である。湧別町条例は、本書で定義する政策条例ではなく、公共施設を設置するために法令で定められた条例（通称「設置条例」）になる。

　湧別町条例の名称を「ルー語変換」（http://lou5.jp/#text）というサイトで何回か行うと「ファミリーがインポータントです。ラブがインポータントです……」と変換されたため、それを質問として使用した。その結果、読者にとっては、質問の意味が分かりにくくなってしまったかもしれない（「条例はシンプルに」と言及しておいて、この失態である。すみません）。

　この「Family 愛 Land You」は遊園地である。設置条例は原則的に「施設の名称」が条例名になるため、この場合は「Family 愛 Land You」が条例名に入った。英語表記の珍しい条例である。湧別町によると、開設期間は毎年4月29日から10月の第2月曜日（体育の日）までとなっている。

Reference

［4］　「お茶」に関して、おもしろい取り組みがある。同県島田市には「お茶がんばる課」というセクションがある。同課は茶業の振興を図るため、茶工場の再編整備や共同茶工場の経営改善、基盤整備園への茶改植事業や茶業経営セミナーなどを行っている。同課は、島田茶及び金谷茶のPRや手揉製茶技術の向上と伝承を図るため、島田市茶業振興協会や島田市茶手揉保存会の運営を支援している。

　　また、東彼杵町（長崎県）は、特産品そのぎ茶の消費拡大とクールビズ効果を狙い、茶葉のキャラクター「茶子ちゃん」のマーク入りポロシャツを全職員が着用して勤務する試みをしている。夏の期間に限定しており、毎週水曜日は全員着用を徹底しているそうである。

M研究員のメモ

条例には様々な形態がある

　条例の形態は、いくつかに類型される。例えば、「理念条例」「罰則条例」「手続条例」「設置条例」「基本条例」「個別条例」などである。この言い方は、自治体職員が通称として呼んでいる類型である。

・理念条例
　地方自治体がある行政分野の政策を実施するときに、「こうあるべきだ」という根本の考えを示した条例と定義できる。ある意味、理念条例は「宣言」の意味合いを持つ。

・罰則条例
　条例に違反した場合の罰則を規定している条例である。

・手続条例
　地方自治体が実施する施策や事業の順序や手続きを規定している条例である。例えば、「宝塚市環境紛争の処理に関する条例」は、公害に関する紛争の解決に向けて、地方自治体の役割として、斡旋や調停の順序や方法及び手続きなどの事項を定めている。このように、施策や事業を実施する手続きに重きが置かれるため、通称「手続条例」といわれる。

・設置条例
　公の施設を設置するときや、管理するときは、必ず条例によらなくてはいけない。そこで、公の施設を規定した条例である。

・基本条例
　これは、ある課題を解決するために開発・創造する（した）政策の基本的な方向性を規定する条例と捉えることができる。

・個別条例

> これは、ある個別かつ具体的な課題を解決するために開発・創造する（した）施策や事業を規定した条例である。
>
> 上記した形態がそれぞれ独立しているのではない。例えば、「理念条例」と「基本条例」の折衷型であったり、「個別条例」と「罰則条例」の合わせ技であったりする。このような視点で条例を捉えることも、いいかもしれない。

9　千代の山と千代の富士を記念した条例はありますか

　こちらの⑦の回答も「○」である。やはり設置条例としてある。福島町（北海道）に「福島町横綱千代の山・千代の富士記念館条例」（以下、「福島町条例」とする）としてある。福島町条例は、北海道出身初の横綱・千代の山と、その弟子の横綱・千代の富士が同じ福島町出身（しかも同じ小学校を卒業）であることを記念して制定された。

　福島町条例の第1条は「福島町出身である第41代横綱千代の山と第58代横綱千代の富士の2人の横綱の偉大な功績を後世に語り継ぐとともに、国技大相撲に対する理解を深めるため、横綱千代の山・千代の富士記念館を設置する」とある。この著名な千代の山と千代の富士を知らない読者はいないと思われるが、一応概要を記しておく。

・千代の山（第41代横綱）
　千代の山　雅信（1926年6月2日～1977年10月29日）
　幕内成績　366勝149敗2分147休、優勝6回
　出羽の海部屋所属

・千代の富士（第58代横綱）
　千代の富士　貢（1955年6月1日～）

幕内成績　807勝253敗144休、優勝31回
　九重部屋所属

10　レシートを必ず持ち帰ることを規定した条例はありますか

　こちらの⑧の回答は「×」である。このような条例は日本にはない。しかし海外にはある。実はイタリアにある。同国の法律では、レシートを持ち帰ることは義務となっている。日本では、コンビニなどレジ付近のゴミ箱にレシートを捨てても問題ない。一方で、イタリアでは違法になる。もらったレシートは、その店を出るまでは保管しなければいけない。その場で捨てたところを警察に見られたら、罰金を徴収される。

　ちなみに、イタリアには日本には見られない法規定がある。例えば、「決して子どもを一人にさせてはいけない」ということが法律で決まっている。同国では、小学生以下の子どもを一人にすることは違法となっている。小学校の送り迎えは義務である。また、外に遊びに出すときも、保護者が監視しなければいけない。さらに、自宅のマンションのエレベーターに子どもを一人で乗せるのも違法となる。

　また、同国の法律には建物の色を統一し、洗濯物を外に干してはいけない規定もある。これはイタリア全土に適用されているのではなく、特定の地域に指定されている地区限定の法律である。街の外観を損ねないことを目的としており、指定地域では洗濯物をベランダに干すことができない。

　日本においては、法律により建物の色を統一した事例はないと思われる。一方で、条例により景観保護のため、特定の地域での派手な看板を掲げることを禁止している事例はある。有名なのは「京都市屋外広告物等に関する条例」（以下、「京都市条例」とする）である。

　京都市条例により、京都市内では看板や広告の色・形・大きさが厳しく規制されている。全国でチェーン店を展開する企業も、京都市で

は自社オリジナルのロゴが使えず、やむなく色を変える場合が多い。例えば「マクドナルド」の看板は通常、赤地に黄色で「M」と描かれている。しかし、京都で多く見かける看板は、地色が茶色に変わっている。

　京都市条例によれば、「けばけばしい色」は原則不可とし、赤や黄色も避けるよう規定されている。その結果、赤はえび茶色に抑えられており、基本的に赤色ベースのものが禁止されている。京都市条例のような条例は増加傾向にある。このように、**全国的に条例を活用して、特色ある地域づくりが実施されつつある。**

11　死者と結婚を認めている条例はありますか

　このような条例はない。この⑨の回答は「×」である。しかし、フランスの法律にある。その法律には、「生前に結婚に必要な法的手続き、及びお互いの間で結婚をするという確約があったことが証明できるのならば、大統領の許可の上、死者との結婚を許可する」という趣旨の規定に基づき、大統領が認めると死者と結婚できる。

　最近でも、実際に死者と結婚した人がいる。フランス南部のニースで、死亡した婚約者との結婚を望んでいた女性の願いが、シラク大統領の計らいでかなえられ、ニース市役所で結婚式が行われた。この女性は、昨年挙式の予定であったが、その前に婚約者が交通事故で死亡してしまったそうだ。女性はショックのあまり、事故の翌日、おなかにいた赤ちゃんも失ったそうである。

　愛する男性の姓を名乗りたいと思ったその女性は、結婚を認めるよう裁判所に訴えた。裁判では死者との結婚は許可されなかったが、大統領令で特別に認められたそうである[5]。

　日本には、死者との結婚を認めた条例はないが、お見合いをすすめ

Reference

[5]　詳細は「世界のニュース」(http://www.tv-asahi.co.jp/ss/107/news/top.html) を参照していただきたい。

た（？）条例はある。例えば、「紀勢町キューピット条例」（以下、「紀勢町条例」とする）がある。紀勢町条例は、中年齢者の結婚を促進することにより、生計意欲を助長し、家庭環境づくりと定住人口の増加を図り、町の活性化に寄与することを目的としている。

　このような名称はおもしろく、個人的には好きであったが、2005年2月14日に大宮町・大内山村と合併して大紀町（三重県）となり、紀勢町条例は失効している。

　同様な条例として、深浦町（青森県）の「深浦町出逢い・めぐり逢い支援条例」（以下、「深浦町条例」とする）がある。深浦町条例も、町内外の未婚者を対象に、結婚の円滑な推進、定住の促進及び少子化対策を図ることを目的とした条例である。具体的には、独身者の登録制度により、相談、情報交換を基に相互の出逢いやめぐり逢いの場を提供している。このような**事業レベルであっても、昨今では法的根拠を条例で明確にする傾向が強まっている。**

12　その名も「レンガのまちづくり条例」はありますか

　この⑩の回答は「○」である。深谷市（埼玉県）の「深谷市レンガのまちづくり条例」（以下、「深谷市条例」とする）である。深谷市条例は、レンガ等を使用した建築物の建築主に対し、レンガのまちづくり奨励金を交付することにより、レンガのまちづくりを推進し、歴史的背景を踏まえた個性あるまちづくりに資することが目的である。

　深谷市条例でおもしろい規定は、第16条の市長の責務であり、「市長は、市の建築物を新築、改築又は増築をする場合は、その壁面、外構等にレンガ等を使用するよう努めるものとする」と明記されている。その効果は分からないが、JR深谷駅舎をはじめ、深谷市総合体育館や深谷グリーンパーク、渋沢栄一記念館など、レンガを活用した施設が多々ある。

　ちなみに、「レンガのまち深谷」のレンガ史は、渋沢栄一が1887年（明治20年）に造った日本煉瓦製造社の工場にはじまる。日本煉瓦

製造会社の工場は、ドイツ人技師チーゼを招いて操業を開始した。チーゼとその令嬢の住宅として建てられた木造洋館は事務所としても活用され、現在は「旧事務所」という名称で、ホフマン輪窯6号窯などとともに、国の重要文化財（近代化遺産）に指定されている。レンガに関心を持った読者は、深谷市のホームページを参照していただきたい。

13　地域を彩りあざやかにするユニーク条例

◆「上書き権」は地域独自の条例を登場させる

　条例とは、地方自治体の地域の特性を生かしながら、それぞれに固有の問題や課題を解決し、その地方自治体だけに効力がある自主立法である。すなわち、当該地方自治体のルールである。地方自治体が、まちづくりを進めていくのならば、その根拠を条例で担保して進めたほうがよいだろう。また、条例は法的根拠の一部をなすため、地方自治体が施策や事業を実施する上で、条例の制定は必須となっていくかもしれない。

　地方分権改革推進委員会が発表した『中間的な取りまとめ』（2007年11月16日）において、「上書き権」を明言している。この「上書き権」を重要視しておきたい。同報告書では、「地方政府の確立は、自治行政権、自治立法権、自治財政権を有する完全自治体を目指す取り組み」とし、「地方政府の確立には、行政権の分権だけでなく立法権の分権が不可欠」としている。そして、「条例により法令の規定を『上書き』する範囲の拡大を含めた条例制定権の拡大を図っていくことは、自治立法権を確立していくことにつながる」と述べている。

　同報告書を受けて、地方分権改革推進委員会が2008年12月にまとめた勧告である「生活者の視点に立つ『地方政府』の確立」には、条例の「上書き権」が明快に記されている。**この「上書き」条例が広がっていけば、地方自治体独自のおもしろい条例が相次いで誕生していく**

かもしれない。このことは、条例の世界に画期的な出来事をもたらすかもしれない。

ここで「上書き権」について説明しておきたい（「上乗せ権」ともいう）。この**「上書き権」とは、同一目的でかつ規制方法も同一であるが、法令の基準よりも厳しい基準や規制を定めた条例**をいう。例えば、大気汚染防止法、水質汚濁防止法で規定する全国一律の排出（排水）基準に代えて、地方自治体が国よりも厳しい独自の基準を定めているケースが該当する。

一方で「横出し権」という概念もある。この**「横出し条例」は、国が定めた規制項目以外の項目を追加した条例**である。図表5が「上書き権」を意味しており、図表6が「横出し権」を示している。

上書き条例と横出し条例について、極めて簡略化して言及する。例えば、国の法律に「アルコール5％以上のビールは飲んではいけない」という法規定があったとする。そのとき、ある地方自治体は条例においては、「アルコール3％以上のビールは飲んではいけない」と規制を厳しくすることが「上書き条例」である。一方で、「アルコール5％以上の日本酒、焼酎、ワインは飲んではいけない」と規制対象を横に追加していくことが「横出し条例」となる。

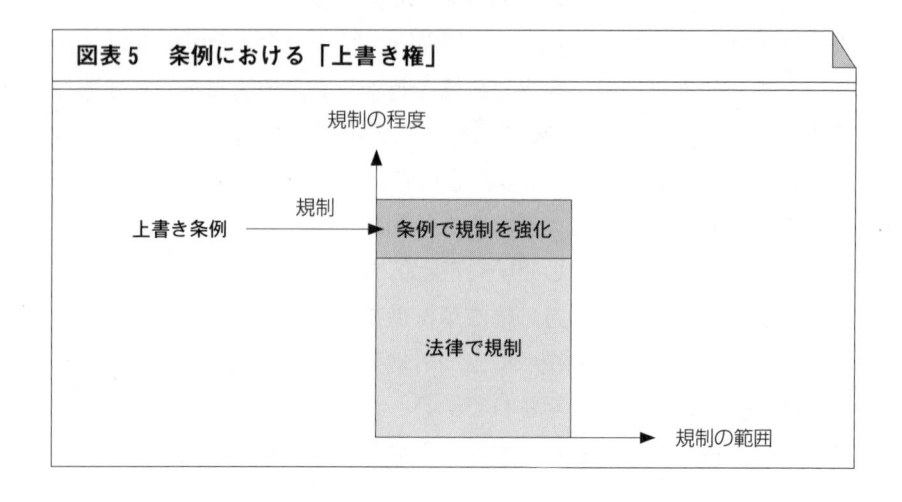

図表5　条例における「上書き権」

（縦軸：規制の程度、横軸：規制の範囲。上書き条例は「規制」を強化し、条例で規制を強化する部分が法律で規制する部分の上に積み重なる図）

図表6　条例における「横出し権」

規制の程度

横出し条例

規制

法律で規制　｜　規制対象を追加

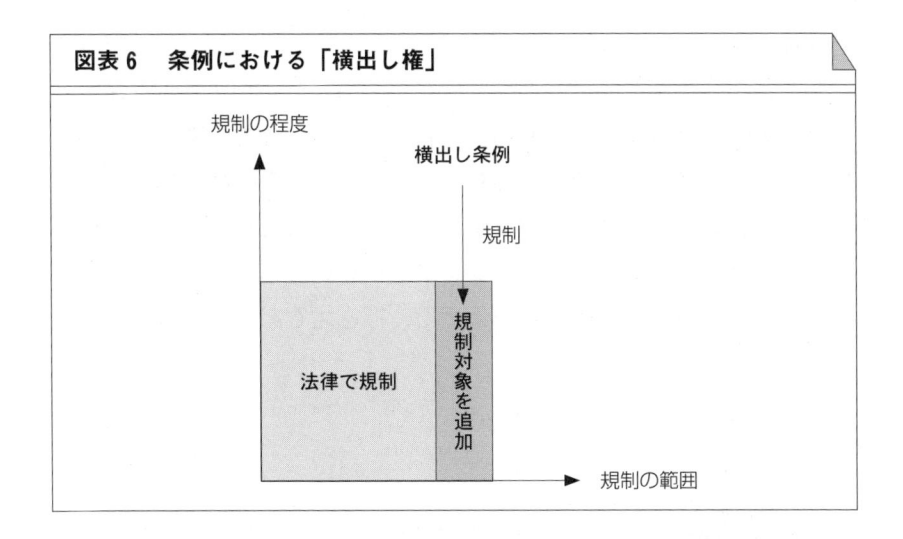

規制の範囲

　国は、この中でも「上書き条例」は認めようとする方向である。その意味では、**今後は、その地域の創意工夫によっては、かなりおもしろい特徴的な条例が誕生する**かもしれない。

◆政策条例はだれにでもつくることができる

　本章を終えるに当たり、「条例はだれにでもつくれるものである」と指摘しておきたい（厳密に言うと、「条例案」はだれにでもつくれるとなる）。地方自治法第74条には直接請求権として、有権者の50分の1以上の署名をもって首長に条例を請求することができると明記されている。これからは、当該**地域に住む人たちが主体的になり、政策条例をつくることで、独自のまちづくりを進めていく**ことも考えられるだろう。

　一方、地方議会（地方議員）は地方分権一括法を契機として、条例の提案に要する議員数を「12分の1以上」に引き下げられ、少数会派でも独自の条例案を議会に提出しやすくなった。その結果、議員提案による政策条例の制定が増加している。2005年度における都道府県議会における政策条例の可決件数は、1991年度以降では2002年度と同数

で18件となっている。

　もちろん、条例を制定するには様々な障害もあるし、条例を制定するためのノウハウも必要である。それでもなお、**地方分権一括法前と比較すると、条例は極めてつくりやすくなっているため、住民提案、あるいは議員提案で政策条例を制定し、当該地方自治体の特徴を生かしたまちづくりを展開していくことが望ましい**と考える。

　次章では、政策条例を検討する上で、押さえておきたい基本的な事項を紹介する。

M研究員のメモ

深浦町における相次ぐユニーク条例

　深浦町は青森県西津軽郡にある町であり、日本海に面している。人口は、2009年1月1日現在、10,119人となっている。この深浦町では、前述した「深浦町出逢い・めぐり逢い支援条例」に加え、いくつか特徴的な条例があるため、紹介しておきたい。

〇深浦町子供を健やかに生み育てる支援金条例

　まずは「子供を健やかに生み育てる支援金条例」である。同条例は、子供の健全な育成及び資質の向上を図り、町と社会の有用な人材を育成することを目的としている。

　この条例は、子供の成長にあわせて、町が支援金を支給する。町長は受給資格について認定した保護者に対し、支給金を支給するとしている。支給金の額は、第3子誕生の場合は100万円、第4子誕生の場合は110万円であり……第7子誕生の場合が140万円となっている。同条例は、「21世紀の深浦町を担う子供たちの健やかな成長を願い、子育てを応援する制度」が趣旨であるが、まさに趣旨に合致した「子育てを応援する制度」となっている。

○深浦町自動販売機の適正な設置及び管理に関する条例
　次に「深浦町自動販売機の適正な設置及び管理に関する条例」である。同条例の第1条に目的が明記されている。それは、「たばこ、酒、図書等の自動販売機の適正な設置及び管理に関し必要な事項を定めることにより、青少年の健康被害の防止及び健全な育成を図ること」となっている。そして第3条に、「設置者及び管理者は、たばこ等の自動販売機を屋外に設置してはならない」と書き込み、たばこ等の自動販売機の設置が禁止されている。
　同条例の施行により、実際に既存のたばこ等の自動販売機の3割以上の撤去に成功したそうである。

○深浦町出逢い・めぐり逢い支援条例
　最後に、「深浦町出逢い・めぐり逢い支援条例」を振り返っておきたい。同条例の第6条は報奨金規定であり、「配偶者を紹介するなど結婚仲介の労をとり、婚姻が成立し深浦町に居住する場合、結婚推進員に対し感謝状及び10万円の報奨金を支給する」とある。なかなかおもしろいシステムである。この結婚推進員は、町内会の役員などを中心に、36名いるそうである。なお当初、報奨金は20万円であったが、現在では10万円となっている。

　いずれの条例も、深浦町の意気込みを記していると指摘することができるだろう。

○静岡市めざせ茶どころ日本一条例

平成20年12月12日
条例第160号

　静岡市では、「養生の仙薬」といわれるお茶が鎌倉時代から栽培されてきた。市域の至る所に産地があり、静岡のお茶として全国的に有名な緑茶が生産されている。静岡市は、全国有数のお茶の集散地であり、茶業は、本市にとって重要な産業となっている。また、お茶に関する文化や伝統は、私たちの生活に深く浸透し、お茶は、私たちが豊かで健康的な生活を送る上で欠かせないものとなっている。

しかしながら、近年、生活様式や流通の変化により茶業の収益性及び集散地としての機能が低下し、静岡のお茶を取り巻く環境は、非常に厳しいものとなっている。

私たちは、先人たちが築き上げてきたお茶の伝統、文化、産業等を守り、静岡市を日本一の茶どころとして育て次代に引き継ぐため、この危機的な状況に立ち向かわなければならない。そのためには、市、市民及び茶業者その他の事業者等が互いに連携し、静岡のお茶により、だれもが心いやされ、交流の輪を広げられるように、静岡のお茶の魅力を高めていくための施策を総合的かつ計画的に推進していかなければならない。

そこで、私たちは、静岡のお茶に関する産業の振興及び市民の豊かで健康的な生活の向上を図ることを目指し、この条例を制定する。

（目的）

第1条 この条例は、静岡のお茶に関する伝統、文化、産業等を守り、静岡市を日本一の茶どころとして育て次代に継承していくための基本理念並びに茶業者、市民及び市の役割を明らかにするとともに、これに基づく施策を総合的かつ計画的に推進するための基本的な事項を定め、もって静岡のお茶に関する産業の振興及び市民の豊かで健康的な生活の向上を図ることを目的とする。

（定義）

第2条 この条例において、次に掲げる用語の意義は、当該各号に定めるところによる。

(1) 静岡のお茶　静岡市内において生産され、加工され、又は流通するお茶をいう。

(2) 茶業　静岡のお茶の生産、加工又は流通に関する事業をいう。

(3) 茶業者　茶業を営む者をいう。

（基本理念）

第3条 静岡のお茶に関する伝統、文化、産業等を守り、静岡市を日本一の茶どころとして育て次代に継承していくための基本理念は、次に定めるとおりとする。

(1) 静岡のお茶は、その伝統及び文化が尊重されるとともに、新たな価値及び需要が創造されることにより、常にその魅力が高められなければならない。

(2) 茶業は、地域社会の活性化に貢献する持続的な産業として育成されなければならない。

(3) 市内の茶産地の環境は、安全かつ良質なお茶を将来にわたり安定的に供給することができるように保全されなければならない。

(4) 静岡のお茶に関する情報を広く発信するとともに、日本一の茶どころにふさわしいまちづくりを行うことによって、静岡のお茶を中心とした交流が促進されなければならない。

（茶業者の役割）

第4条　茶業者は、前条に規定する基本理念（以下「基本理念」という。）の実現に向けて主体的に取り組むよう努めるものとする。

2　茶業者は、基本理念に基づき、市が実施する静岡のお茶に関する施策に積極的に協力するよう努めるものとする。

3　茶業者は、市、市民、茶業者以外の事業者、団体等との連携を図り、静岡のお茶に関する伝統及び文化の普及並びに新たな価値及び需要の創出に努めるものとする。

（市民の役割）

第5条　市民は、基本理念に基づき、静岡のお茶の伝統及び文化に関する理解を深め、静岡のお茶により、健康で潤いのある暮らしを築くよう努めるものとする。

（市の役割）

第6条　市は、基本理念に基づき、静岡のお茶に関する伝統、文化、産業等を守り、静岡市を日本一の茶どころとして育て次代に継承していくための施策（以下「茶どころ日本一施策」という。）を実施しなければならない。

2　市は、茶どころ日本一施策の実施に当たっては、市民及び茶業者その他の事業者、団体等（以下「茶業者等」という。）の意見を聴くとともに、国及び静岡県の施策との密接な連携を図らなければならない。

（静岡市茶どころ日本一計画）

第7条　市長は、茶どころ日本一施策を総合的かつ計画的に推進するため、市の総合計画との整合性を図りながら静岡市茶どころ日本一計画（以下「茶どころ日本一計画」という。）を策定しなければならない。

2　茶どころ日本一計画に定める事項は、次に掲げるとおりとする。

(1)　茶業の健全な経営の確立のための施策に関すること。

(2)　茶業の後継者の育成のための施策に関すること。

(3)　茶産地の環境の保全、水源のかん養その他日本一の茶どころにふさわしい自然環境の保全のための施策に関すること。

(4)　安全かつ良質なお茶の安定的な供給のための施策に関すること。

(5)　市民の暮らしの中で静岡のお茶を活用するための施策に関すること。

(6)　茶葉の新しい利用方法の考案のための施策に関すること。

(7)　日本一の茶どころにふさわしいまち並みづくりに関すること。

(8)　静岡のお茶に関する情報の発信に関すること。

(9)　前各号までに掲げるもののほか、茶どころ日本一施策の推進に関すること。

3　市長は、茶どころ日本一計画を策定し、又は変更するときは、あらかじめ、次条に規定する静岡市茶どころ日本一委員会に諮問するとともに、市民及び茶業者等の

意見を聴かなければならない。
4　市長は、茶どころ日本一計画を策定し、又は変更したときは、遅滞なく、市議会に報告するとともに、これを公表しなければならない。
（静岡市茶どころ日本一委員会）
第8条　茶どころ日本一施策を円滑に推進するため、静岡市茶どころ日本一委員会（以下「委員会」という。）を置く。
2　委員会は、この条例の規定によりその権限に属することとされた事項を処理するほか、茶どころ日本一施策の推進に関し必要な事項について調査審議するものとする。
3　委員会の組織及び運営に関し必要な事項は、規則で定める。
（お茶の日）
第9条　静岡のお茶に親しみ、静岡のお茶の伝統、文化、産業等について理解を深め、その魅力を国内外へ発信するため、お茶の日を設ける。
2　お茶の日は、委員会の意見を聴いて市長が定めるものとする。
3　市は、お茶の日の普及啓発に努めるものとする。
（行政上の措置）
第10条　市は、茶どころ日本一計画に基づき、市の施設及び市の主催する行事、学校教育その他の市の行う諸活動において静岡のお茶を活用するために必要な行政上の措置を講ずるよう努めるものとする。
（財政上の措置）
第11条　市長は、茶どころ日本一計画を推進するために必要な財政上の措置を講ずるよう努めるものとする。
（市議会への報告等）
第12条　市長は、毎年度、茶どころ日本一施策の実施の状況について市議会に報告するとともに、市民に公表するものとする。
（委任）
第13条　この条例に定めがあるもののほか、施行に関し必要な事項は、市長が定める。

附　則
この条例は、平成21年4月1日から施行する。

第4章 政策条例の立案の視座

　本章では政策条例の立案を検討するに当たり、必要となる基礎的事項を確認する。まずは、政策条例を立案するために必要な「法務能力」を定義する。また昨今、地方自治の潮流となりつつある「政策法務」の考え方を紹介する。次いで、政策条例を立案して行く手順を言及する。その後で一般的な条例の構造を示す。さらに、政策条例を立案するときに、おさえておいた方がよい法令解釈の視点を記すことにする。

　本章により、政策条例を立案するための基本的視座が得られると思う。

1　政策条例を進化・深化させる視点

◆法律は全国一律のため地域の事情に馴染まない

　わが国は法治国家である。国におけるすべての決定や判断は、国が定めた法律に基づいて行われる。また法治国家では、いかなる場合においても、法律から外れた行動をしてはならない。しかし、**法律を厳守しようとすればするほど、地方自治体（地域）によっては矛盾が生じてしまう場合がある。その理由は、法律は全国一律のルールであり、地方自治体ごとの事情は考えていないから**である。

　繰り返すが、わが国は法治国家であるため、法律の遵守は義務となっている。しかしながら、法律どおりに地方自治体が施策や事業を執行すると、困る事例がしばしば登場してしまう。そして、法律を守ろうとすればするほど、地方自治体によっては、矛盾が生じる場合がある。その矛盾が摩擦を招き、利害関係者の対立に発展してしまうこ

とが少なくない。

　この矛盾が生じた状況下では、施策や事業を実施していく自治体職員をはじめ、その施策や事業の利害関係者である地域住民や事業者などは、納得できない事態に陥る。そのときに試されるのが、自治体職員や地方議員、そして地域住民の「法務能力」である。そして、昨今広がりつつある「政策法務」という考え方である。

　政策条例の立案の基礎的事項を確認する前に、「法務能力」の意味を明確にしておきたい。また、「政策法務」という考え方も押さえておいた方がよいと思われる。そこで、以下では、それぞれの定義を検討する。

◆政策条例立案に必要な「法務能力」の視点

　まずは、本書における法務能力を定義する。法務能力の「法務」という2文字を辞書で調べると、「法律・司法に関する種々の事務」とある。その意味を踏襲して、ここで法務能力を「法律・司法に関する種々の事務に関する能力」とすると、法務能力が持つ真の意味が伝わってこない。

　特に「事務に関する能力」という表現は、地方分権一括法以前の国に対して上下・主従の関係であった地方自治体を連想させる。国の指示どおりに動いている地方自治体は、「法務能力」がなく、それはまさに「法無能力」と表現した方がよいだろう。

　司法試験予備校講師の柴田孝之氏は、法務能力をリーガルマインドという言葉で換言している。柴田氏が定義するリーガルマインドとは、「**法律を使って、筋道が通った理由により、反対利益に配慮しつつ、妥当な結論を導き出すこと**」と定義している[1]。筆者の考える法務能力は、柴田氏のいうリーガルマインドに近い。

　筆者は柴田氏の見解に加え、次の2点が法務能力には必要と考えて

Reference

[1]　柴田孝之（2005）『法律の使い方』勁草書房

いる。それは、①**法的センス**、②**法的基礎能力**、である。前者の**法的センス**とは、「ものごとを権利義務などの法的視点から捉える感覚」である。一方で後者の**法的基礎能力**とは、「条例や規則を立案するときに必要となる基礎的素養」である。この法的センスと法的基礎能力は、後天的に身につけることは可能である。

読者の中には、この法的センスと法的基礎能力の「どちらに比重を置くべきか」という点が気になると思われる。重要なのは「どちらに比重を置く」という発想ではなく、「バランス」が大事である。

そこで、本書における**法務能力**とは、「**法的根拠を用いて、筋道が通った理由により、反対利益に配慮しつつ、妥当な結論を導き出す見識（判断力）**」であり、その妥当な結論は「**法的センスと法的基礎能力の両輪により実現される**」としたい。

政策条例の立案を検討していくためには、本書で定義している「法務能力」が必要である。さらにいえば、法務能力の前提として「政策形成能力」[2]がなくていけないと考える。この法務能力は、地方分権が進み、条例の制定権が拡大する昨今においては、今後、ますます必要となる能力である。

そして、**法務能力は法制課に所属する一部の自治体職員だけが持つのではなく、すべての自治体職員に加え地方議員、さらには地方自治に関わる地域住民をはじめ、すべての利害関係者にとって必要な能力**である。

◆地方分権における「政策法務」の潮流

今日、地方自治の現場では「政策法務」という言葉が浸透しつつある。どの地方自治体でも、政策法務研修は必須となりつつあり、その

Reference

[2] 本書における政策形成能力の定義は、「問題を発見し、その問題解決のため、一定の政策目標を立て、それを実現するために必要な枠組み・しくみをつくり上げる能力」である。

研修を担当する講師が足りない日々である。

　この**政策法務の根底にあるのは、「条例（法的根拠）を活用して、よりよい地域社会を創造していく」という熱い思い**であり、それは積極的な動機や前向きな行動を伴うものである。

　ちなみに、先述した「法務能力」は「政策法務」と比較した上で、知識や技術に重きが置かれている。政策条例の立案の検討には、この法務能力と政策法務の2つの視点が必要と筆者は捉えている。この考えは、経済学者アルフレッド・マーシャルが残した「cool brain & warm heart」（冷徹な頭脳と温かな心）に共通する考えである（第Ⅲ部において言及している）。

　今日、多くの学識者が政策法務を定義している。例えば、北村喜宣・上智大学法学部教授は、「国民・住民の福祉向上の観点から、行政として何らかの対応が必要と考えられる政策を、憲法をはじめとする関係法体系のもとで、いかに合理的に法制度化（条例化）するか、適法に運用するかに関する一連の作業」[3]と定義している。

　また山口道昭・立正大学法学部教授は、「法を政策実現の手段としてとらえ、そのためにどのような立法や法執行が求められるかを検討しようとする、自治体において主として自治体職員が行う実務及び理論における取り組み及び運動」[4]と捉えている。

　そして、礒崎初仁・中央大学法学部教授は、「法を政策実現の手段としてとらえ、そのためにどのような立法・法執行・争訟評価が求められるかを検討しようとする、実務及び理論における取り組み〜理論的、自立的作業として考えられてきた法律実務（少なくとも自治体の法律実務）と政策・施策を、本来の姿に戻って結びつけようとする取

Reference

[3]　北村喜宣（2004）「自治体の法環境と政策法務」財団法人東京市政調査会『都市問題』95巻5号
[4]　山口道昭（2002）『政策法務入門－分権時代の自治体法務』信山社出版
[5]　礒崎初仁（2004）『政策法務の新展開－ローカルルールが見えてきた－』ぎょうせい

り組み」[5]と定義している。

　さらに、松下啓一・相模女子大学人間社会学部教授は、「政策法務とは、条例等の法務手段を使って政策目的を達成し、あるいは政策課題を解決しようとする考え方ということができよう。政策実現手段として法務を使い、法務の戦略的意義を強調する立場である」[6]と指摘している。

　このように様々な定義がされており、政策法務の概念は、完全に確定されたものではない。政策法務にはダイナミズムの要素が多々あるため、確定できないのだと思われる（むしろ、政策法務の定義を確定してしまうと、政策法務が内包する能動さがなくなってしまうように思える）。

　それらの諸定義の中で、本書は出石稔・関東学院大学法学部教授の定義を踏襲したい。それは、「**法を政策実現の手段としてとらえ、有効かつ効果的に地域固有の課題の解決や政策の推進を図るために、法令を地域適合的に解釈運用し、地域特性に応じた独自の条例を創る法的な活動**」[7]である。

　この出石氏の定義の最初にある「法」とは、条例を含む法的根拠（憲法をはじめ法律や命令など）のすべてを含むものと解される。また同定義の中で、筆者が特に重要と感じている文言は、「法令を地域適合的に解釈運用し、地域特性に応じた独自の条例を創る」という部分である。

　どの学識者の政策法務の定義にも、根底の思想として流れていることは、「法令を地域適合的に解釈運用し、地域特性に応じた独自の条例を創る」という部分に集約される、と筆者は考えている。

　地方分権一括法以降、国と地方自治体は対等・協力の関係に変貌し

Reference
[6]　松下啓一（2005）『政策法務のレッスン』イマジン出版
[7]　出石稔（2008）『自治体職員のための政策法務入門』第一法規

第4章　政策条例の立案の視座

> **図表7　政策条例の立案に必要な2つの視点**
>
> ─　**法務能力**　法的根拠を用いて、筋道が通った理由により、反対利益に配慮しつつ、妥当な結論を導き出す見識（判断力）であり、その妥当な結論は、法的センスと法的実務能力の両輪により実現される。
>   ─　法的センス
>   　ものごとを権利義務などの法的視点から捉える感覚
>   ─　法的基礎能力
>   　条例や規則を立案するときに必要となる基礎的素養
> ─　**政策法務**　法を政策実現の手段として捉え、有効かつ効果的に地域固有の課題の解決や政策の推進を図るために、法令を地域適合的に解釈運用し、地域特性に応じた独自の条例を創る法的活動である。
>
> 注）「法務能力」と「政策法務」は概念が異なるものであり、一概に同じ土俵では論じられない。しかし、ここでは便宜的に記している。

た。今後は、国からますます権限が移譲されていく。**政策法務は、地方自治の現場で生じている課題を法令の法解釈や、地域性を反映した独自の条例立案などを用いて解決していく積極的な行動である。**この「政策法務」という言葉には、ダイナミックな思想が内包されている。

　政策条例の立案を検討していくには、法務能力を確立させ、かつ、政策法務の考え方を持つことが大切である。図表7は、本節で記した政策条例の立案に必要な視点を図化したものである。

M研究員のメモ

政策法務の豆知識

政策法務には、いくつか系譜がある。それを紹介する。

> ①国法に対峙して地方自治体の立法権・法令解釈権の確立を目指そうとする立場
> ②行政法学において法政策論・立法論を積極的に展開していこうとする立場
> ③地方自治体とその職員の法務能力の向上を図ろうとする立場

　この３つの系譜は、政策法務の目指すべき目的をどのように強調するか、という観点によって異なるだけである。これらの３つの立場は、決して互いに対立し矛盾するものではない。例えると、同じ富士山の頂上を目指しているが、その道程はスバルラインを選択したり、スカイラインを選んだりして進んでいるようなものである。
　また政策法務には、次の４つの視点がある。

> ①地方自治体独自の政策実現手段として条例・規則などを制定すること（自治立法）
> ②既存の法令の規定について、地方自治体として地方自治の本旨に基づいた運用や解釈を行うこと（自治解釈）
> ③訴訟を通して地方自治体の政策を主張すること（訴訟法務）
> ④国の法令に対して地方自治体の意向を反映させること（国法変革）

　今後は、ますます地方分権が進み、地方自治体は条例を制定する行動により、地域特性に対応した特色ある政策の実現が求められる（自治立法）。そして、特色ある条例を制定していくためには、国の法令を独自に解釈していく能力が求められる（自治解釈）。
　その結果、行政処分の妥当性や条例の適法性を巡り、訴訟となる場合が増加することが予想される。これに対応するため、地方自治体は訴訟に対しての知識が求められてくる（訴訟法務）。そして、これからは国の法律よりも先駆けて独自の条例を制定し、国を変革していく時代でもある（国法変革）。例えば、「志木市自然再生条例」や「鶴田町朝ごはん条例」

などは、これらの条例が制定した後、国の法律にエッセンスが取り入れられている。

この政策法務という考え方は、ますます求められてくるだろう。

志木市自然再生条例

（目的）

第1条　この条例は、自然の保全及び再生に関し基本理念を定め、並びに市、事業者及び市民の責務を明らかにするとともに、自然の保全及び再生に関する施策の基本となる事項を定めることにより、現在及び将来の市民の健康で文化的な生活の確保に寄与することを目的とする。

鶴田町朝ごはん条例

（目的）

第1条　この条例は、鶴の里健康長寿の町宣言に基づき、米文化の継承を通して正しい食習慣の普及と健康増進を図るため、鶴田町における朝ごはん運動についての基本方針を定め、併せて町長、町民、関係機関及び関係団体等の責務を明らかにすることにより、総合的かつ計画的に運動を推進し、もって、21世紀の健康長寿目標を達成することを目的とする。

2　政策条例立案の検討の流れ

政策条例の立案を検討する際、筆者は次の流れで進めることが多い。それは、①問題発見、②現地調査と情報収集、③立法目的の確定、④立法事実の明確化、⑤類似条例の調査、⑥類似条例の類型化、⑦要綱の作成、⑧条例案の作成、⑨条例説明書（逐条解説）の作成、

⑩報告書の作成、である。

　この一連の流れは、多少、前後しても構わない。実際には、この順序どおりにきちっと進めることは稀であり、常に何かしら同時並行で動いている（順序が若干前後することもある）。以下では、それぞれについて簡単に記すことにする。

① 問題発見

　地域で何かしら被害や摩擦などが生じている場合、様々な視点から、それらの問題を生じさせている根本的な原因を検討し、追求していく段階である。

　昨今では、「問題解決力」が重要と指摘される。確かに問題解決力は大切であるが、そもそも何が問題かを見極める「問題発見力」がないと、問題の解決に向けた手段が提示できない。その意味では、問題を発見する能力は極めて大事である。

　また今日では、**問題を解決するための「特効薬」はほとんどないことを指摘しておきたい。問題の解決のために一つの特効薬を探すのではなく、様々な「処方箋」を施すことで解決していくことが大切である。**そして、その処方箋の一つとして「政策条例」がある。この政策条例は、確かに一つの処方箋にすぎないが、極めて強力な処方箋でもある。

　さらに、次のことも指摘しておきたい。それは、問題を生じさせている原因を「放置しておく」という手段をとることも重要ということである。すなわち、あえて根拠を持って「問題を解決しない」という選択肢を採用するのである。もし、その問題を解決することで、さらに問題が大きくなると予測されるならば、勇気をもって「問題を放置しておく」ということも大切である[8]。

② 現地調査と情報収集

　問題を発見し、その解決のために「政策条例が必要」と判断したの

ならば、条例化の対象となっている事象を調査して、その実態や被害の実情などを把握する段階になる。

　この段階においても、くどいが、再度「条例化によらない解決策はないか」ということを念頭において、現地調査を進めることが大切である。なぜならば、条例は住民の権利・義務・規制などに関することであるため、十分に慎重に検討する必要があるからだ。安易に「政策条例により解決しよう」という発想にならないことが大事である。

　現地調査により、問題の原因や被害の状況などを押さえる。そして、実際の現地調査に加え、関連する資料や情報を広く収集する。また、各種の調査・統計資料、政府機関の答申や報告書、マスコミの報道資料、専門家・研究者の意見、シンクタンクの報告書、関係法令、裁判判例、法令の現状などを丹念に調べていく。

③　立法目的の確定

　政策条例を検討する際、立法目的を明確にする必要がある。この**立法目的とは、現地調査や情報収集などの分析に基づいて、「何のために条例を制定するのか」という政策条例立案の動機を明確にすること**である。

　また、条例化によって「どのような政策を実現するのか」なども明確にする必要がある。さらに、その問題を解決するために、「規則、要綱、行政計画、住民への協力要請などでは実現できないのか」とい

Reference

［8］　問題発見や問題の捉え方については、下記の文献を参照されたい。
　　　牧瀬稔・戸田市政策研究所（2009）『政策開発の手法と実践〜自治体シンクタンク「戸田市政策研究所」の可能性』東京法令出版
　　　また、問題発見には、ギャップ・アプローチが有効とされる。これは現在の状態に関する不満であったり、実現したい状態の認識であったりする。つまり、「現在の状態」と「実現したい姿」のギャップの把握である。これを政策開発に当てはめると、①あるべき姿を決定し、②現状を認識し、③その「あるべき姿」と「現状」のギャップの原因を分析し、④ギャップを克服する解決方法（施策・事業）を検討し、⑤施策や事業を実施することでギャップを縮めていく、という流れになる。

う観点での検討も大切である（くどくて恐縮だが、「本当に新しく政策条例を制定しなくては、この問題は解決できないのか」という視点を常に持って、政策条例を検討してほしい）。そのような過程を経て、政策条例を必要とさせる立法目的をより明確にしていく。

　この立法目的を確実にするために、「６Ｗ２Ｈ」を用いて考察することもよいだろう。６Ｗ２Ｈとは、「Who（誰が）」「Whom（誰を）」「What（何を）」「Where（どこで）」「When（いつ）」「Why（なぜ）」「How（どうやって）」「How much（いくらで）」である。この「６Ｗ２Ｈ」で明らかにしたことが、後々、政策条例の規定として落とし込んでいくことになる。もちろん、無理に「６Ｗ２Ｈ」のすべてに当てはめなくてもよい。

④　立法事実の明確化

　立法事実とは、条例化の必要性の裏づけとなる社会的・経済的・科学的・文化的などの諸事実のことである。政策条例の目的と手段を基礎づける現在の事実でもある。これには、定量的なデータや定性的な住民意識などが盛り込まれる。既に実施した調査の結果、収集した資料・情報分析などによって、立法事実を明らかにする。

　立法事実には、問題解決のためには政策条例が必要であるという「合理性」が要求される。この段階で、提案する政策条例に合理性があることを説明づける。合理性のある立法事実は、政策条例の立法を支えるとともに、その存続も支えていく。また、政策条例立案に当たって必要となる立法事実は、将来の裁判所の違憲審査（条例（法令）が憲法に適合しているかを裁判所が審査する際の基準）に耐えられるものでなければならない。

　この段階では、政策条例を必要とする根拠を明確にする。そして、政策条例における目的を実現するための手段の検討を行う。また、政策条例により利益を受ける地域住民、あるいは不利益を被る地域住民の理解と納得を得る必要がある。そして、政策条例の実現に伴い、実

施される施策や事業の財源の可能性などについても検討する。さらに、政策条例の実効性を担保する手段も考えなくてはいけない（この実効性確保の諸手段については、後述する）。

⑤　類似条例の調査

　類似条例の調査は、大きく分けてアンケート調査とヒアリング調査がある。手間隙と少なくない費用がかかるが、可能ならばアンケート調査を実施した方がよい。

　アンケート調査の設問としては、例えば、検討している政策条例が類似自治体（同じ都道府県内の地方自治体とか、人口規模が同じ地方自治体など）に「存在しているのか」を聞く。また、「存在していないならば、その理由はなぜか」を尋ねる。この質問の意図は、あえて政策条例を制定せず、別の手段により問題解決を目指していることも考えられるからである。そして、「政策条例の効果は何か」も把握しておきたい。

　アンケート調査を実施することで、類似自治体の動向や類似条例の内容を把握することは、立法事実をより明確にしていくことにつながっていく。

　次に、ヒアリング調査について言及する。検討している政策条例が、既に他の地方自治体で制定・施行されているのならば、必ず現地に赴き、ヒアリング調査を実施するべきである。しばしば議員提案政策条例の場合は、この類似条例を保持している地方自治体への現状調査をしないことがある。これはナンセンスである。現場に行き、実際に政策条例を制定・施行した当事者の声を聞くことで、実に様々な発見がある[9]。

　また、類似条例の現状調査は、立法事実と立法目的を明確にした上で実施した方がよい。なぜならば、その方が「政策条例の提案が必要」という意識が明確に位置づけられているからである。

⑥ 類似条例の類型化

　政策条例を立案するのは難しい。特に政策条例の規定を一つひとつ検討し、正しく書き込んでいくことは至難の業である……と思っている読者が多いのではなかろうか。確かに、規定には条例特有の技術・作法があり、面倒である（詳細は、この後の「M研究員のメモ」を読んでいただきたい）。

　立法技術が面倒ならばどうすればいいか。答えは簡単である。他の地方自治体で、既に存在している類似の政策条例を参考にすればよい。あるいは極論であるが、類似条例の規定をそのまま模倣してしまえばいい。筆者は、この手法を「条例模倣戦略」と勝手に称している。あるいは言い方は悪いが、「条例パクリ戦略」とも称することができる。

　実際、多くの地方自治体は先進的な地方自治体の条例を参考として、自らの地域に合った条例を構成していく傾向が強い。何事も模倣から創造が生じるのである。

　例えば、生活安全条例を検討する際、目的規定はA自治体の生活安全条例から模倣する。そして、定義規定はB自治体の生活安全条例を参考にし、住民の責務規定はC自治体の生活安全条例から……という手法で、条例案を作成していく（ほとんどの地方自治体は、このように条例を検討していると思われる）。

　なお、類似条例を参考にして、条例を組み立てていく手法を、田中孝男・九州大学大学院法学研究院准教授は、「条例のベンチマーキン

Reference

[9]　筆者が関わった議員提案政策条例で、このヒアリング調査を実施した場合は、ほぼ政策条例が結実している。ヒアリング調査には、議員提案政策条例を検討している議員だけではなく、それに賛同しようか悩んでいる他の議員も巻き込むほうがよい。賛同するか否か悩んでいる議員がヒアリング調査に参加することにより、政策条例の必要性も理解でき、また、地方議会全体でのモチベーションも上がったりする。さらに、ヒアリング調査により、「同じ意識」が共有できることが、議員提案政策条例の結実につながっていくのだと思っている。

図表8　子どもに関する条例における規定の整理

規定＼道府県	北海道	秋田	神奈川	石川	三重	滋賀	京都	大阪	奈良	山口	熊本
前文	○	○		○		○	○	○		○	○
目的	○	○	○	○	○	○		○	○	○	○
定義	○	○	○	○	○	○		○	○	○	○
基本理念	○	○			○	○	○	○		○	○
自治体の責務	○	○	○	○	○	○	○	○		○	○
県民の責務	○	○	○	○			○			○	○
事業者の責務	○		○	○			○	○		○	○
保護者の責務					○	○		○			
学校の責務							○				
社会全体での取組促進	○				○					○	
行政計画の策定	○	○				○		○		○	
財政上の措置	○						○			○	
第三者機関の設置	○			○						○	
児童虐待の防止	○			○	○						
子どもの権利救済	○	○		○							
相談体制				○		○	○				
市町村との協力		○		○	○						
年次報告・報告書作成		○	○							○	
調査研究					○						
推進体制の整備	○	○	○				○		○		
啓発活動・広報		○				○		○			○
表彰		○	○	○							
家庭の日					○					○	○
安全・安心				○			○		○		
類型	子育て支援	子育て支援	子育て支援	総合	虐待防止	理念	子育て支援	理念	犯罪被害防止	子育て支援	理念

グ」と称している。この手法は「他の自治体の最も優れた条例などのシステムを、自己の自治体の現状と継続的に比較・分析して、自己の条例の制度設計・運用に活かすこと」[10]である。

　この「条例のベンチマーキング」をするためには、既存の政策条例から、規定を抽出して一覧化した方がよい。例えば、子どもに関する条例は図表8のとおり、各条例から規定を抽出し一覧化できる。

　このように、各地方自治体が「どの規定を採用しているか」や「特徴的な規定は何か」などの視点から、それぞれの政策条例を考察していく。そして、自らの地方自治体には、「どの地方自治体の規定が参

Reference

[10]　田中孝男（2002）『条例づくりへの挑戦－ベンチマーキング手法を活用して』信山社　政策法学ライブラリイ

考になるか」(模倣できるか)という観点から検討し、要綱を作成することになる[11]。

> **M研究員のメモ**
>
> ### 条例における「及び」と「並びに」は意味が違う?
>
> 　条例の文言には、ややこしいルールがある。この立法技術や法令用語の説明を扱った図書は、既に多く出版されている。そこで詳細については、読者は既存の文献を参照してほしい。ここでは、簡単に「及び」と「並びに」という法令用語の使い方を紹介する。
>
> 　条例において、「及び」と「並びに」は、どちらも並列的接続詞として使われる。ちなみに、「および」や「ならびに」とひらがなで書いても同じ意味である。この「及び」と「並びに」は、並列的接続詞であるため、基本的に使い方は同じになる。しかし、若干ルールが異なっている。
>
> 　まずは、「及び」の場合である。この「及び」は、結合される語が同じ種類だったり、同じレベルのものの場合に使用される。例えば、次の用途で使用する。
>
> | ① リンゴ及びミカン |
> | --- |
> | ② リンゴ、ミカン及びバナナ |
>
> 　一方で、「並びに」の場合である。この「並びに」の場合は、結合される語の種類が違っていたり、別のレベルのものの場合に使用する。それは、次のような場合である。
>
> | ③ リンゴ及びミカン並びにニンジン |
> | --- |
>
> 　①も②も③も、「及び」と「並びに」は、ともに「食べ物」を並列的に

Reference

[11] 地方分権がはじまる以前は、国が「条例準則」を作って地方自治体に示していた。そして、ほとんどの地方自治体は、国が示した条例準則とおりに条例を制定していた。そのため、どの地方自治体も内容的にもほとんど同じものとなっていた。なお、この条例準則は「モデル条例」とも呼ばれていた。

結合している（並列的接続詞である）。ただし①と②で使用している「及び」は、食べ物でも「果物」で共通している。しかし、その「食べ物」の中に「野菜」（ニンジン）が混じると、③の「野菜」（ニンジン）の前に「並びに」を使用することとなる。

つまり、食べ物で共通しているため、並列的接続詞である「及び」と「並びに」でまとめることができる。しかし、①と②は「果物」だけで統一されているため、「及び」を用いて記すことになる。一方で、食べ物でも果物に加え「野菜」が入ってくると、「並びに」を使用し、③という形で示すことになる（実にややこしい！）。

最近では、従前の立法技術に固執する傾向は弱くなってきた。しかし、それでも依然として、一般人には理解のできない独特の立法技術が存在している。

格言に「餅は餅屋」がある。この格言のとおり、政策条例の立案を検討する者は要綱や条例案まで作成し、その後の立法技術や法令用語に関する細々としたことは、法制課の職員に任せたほうが賢明と思われる。

⑦　要綱の作成

ここでいう**要綱**とは、「基本をなす大切なことがらをまとめたもの」という意味である。また、「指針・基準を大綱的に定める」という意味もある。**この段階は、綿密に各規定が書き込まれている条例案の前に当たる。**

立法目的と立法事実を経て、類似条例を収集し類型化することで、「どのような規定を政策条例に盛り込むか」を検討し、整理する段階である。規定ごとに、その内容を簡潔に記述した要綱案を作成していく。

要綱案を作成していく過程で注意することは、関連する法律との整合性や、既存の条例に加え、行政計画との整合性も注意しなくてはいけない。また、条例で使用している語句や用語についても、再度チェックを行い明確にしておきたい。さらに、地方自治体の憲法と称される自治基本条例が制定済みの地方自治体は、その自治基本条例と

の整合性も考えなくてはいけない。

　そして、要綱案が完成したら、パブリック・コメントにかけられ、住民から意見を得ることとなる。その後、その意見を反映させて要綱を確定させる。

　なお、地方議員が政策条例を提案する場合は、パブリック・コメントをかけることは難しい。既に議会基本条例が制定済みの地方自治体は、地方議員が提案した政策条例について、議会事務局がパブリック・コメントを実施する規定を設けている場合もある。しかし、このケースは稀である。

　そこで、しばしば言われることは「地方議員は住民の代表であるから、既に住民の意思を反映していると考えられる。そこで、必ずしもパブリック・コメントをかけなくてもよい」という見解である。確かに、この考えも成立すると思われる。しかし、筆者は可能ならば、パブリック・コメントに準じる形で、独自にアンケート調査などを実施して住民の意見を収集し、反映させたほうがよいと思っている。

⑧　条例案の作成

　確定した要綱に基づき、条例の形式を整え、立法技術を駆使して正確であり、明瞭で平易な表現に留意して各規定を書き込んでいく。特に、政策条例は住民の生活に直結する可能性が高いため、分かりやすい表現を用いて、各規定の平易化を心掛けていく。その後、確定された政策条例案が議会に上程される。

　先の「M研究員のメモ」で記した細々とした立法技術は、細かくこだわらなくてもよいと思っている（これは筆者が思っているだけである）。筆者は、条例の基本は、「（規定の）意味が通じればよい」と考えている。

　かつて、筆者が地方議員の政策条例の立案をお手伝いしたとき、筆者の友人である法制課に所属する何人かの自治体職員と一緒に政策条例案を作成した。地方議員は、その作成された政策条例案を自らが所

属する地方自治体の法制課に添削してもらったところ、赤が多く書き込まれて戻ってきた。

　もし、立法技術が全国的に完全に統一されているのならば、このような出来事は起きないはずである。しかし、筆者の経験では、このような経験が何回かある。すなわち、一応、立法技術は全国共通といわれているが、細かい点を見ると、その地方自治体ごとによって、若干、異なるようである。このような理由からも、結局は「(規定の)意味が通じればよい」と筆者は思うようになった。

⑨　条例説明書（逐条解説）の作成
　政策条例案を検討しつつ、同時に政策条例案の解説書（逐条解説）も作成することが望ましい。この解説書とは、政策条例の内容をより分かりやすく説明したものである。政策条例の規定ごとに、その規定が意図している内容を平明に書き込んでいく。
　例えば、「綾瀬きらめき市民活動推進条例」の第5条の市民の役割規定の逐条解説は、次のとおり明記されている[12]。

市民の役割について

（市民の役割）
第5条　市民は、基本理念に基づき、市民活動の意義と重要性に対する理解を深め、強制されることのないそれぞれの自由で自発的な意思によって市民活動に参加・参画し、あるいはその発展に協力するよう努めるものとする。

【趣旨】
市民活動の推進主体である、市民の役割を規定したものである。

Reference
[12]　詳細は、次のURLを参照のこと。
　　http://www.city.ayase.kanagawa.jp/hp/menu000013200/hpg000013135.htm
　　http://www.city.ayase.kanagawa.jp/hp/page000004200/hpg000004152.htm

【解説】
　まちづくりの主体としての市民に対する理解を深め、積極的な市民活動への参加・参画又は、協力を規定したものである。しかしながら、市民の市民活動への参加・参画・協力は、あくまで強制でなく、任意の努力規定とした。
　市民活動を広く市民や事業者に理解してもらい、参加・参画を促進して行くために、活動するものが責任と自覚を持つとともに、その活動内容を積極的に公開して行くことが必要である。

　この条例の説明書には、条例立案者の意図を明確に書き込んだ方がよい。一般的に条例を解釈するときは、原則として、条例が制定された当時の意味を考慮することになる。いつしか条例を解釈する日がくるかもしれないため、その日に備えて、条例の説明書には、その条例を制定した時期の背景や動向なども書き込んでおいた方がよい。

⑩　報告書の作成
　最後に、一連の作業をまとめた報告書を作成した方が望ましい。この報告書の存在は、政策条例を提案していく上で、大きな説得材料となる。
　今まで記した、①問題発見、②現地調査と情報収集、③立法目的の確定、④立法事実の明確化、⑤類似条例の調査、⑥類似条例の類型化、⑦要綱の作成、⑧条例案の作成、⑨条例説明書（逐条解説）の作成、を一冊の報告書としてまとめる。ちなみに、ボリュームは、そんなに多くなる必要はない。

3　政策条例の実効性確保の手段

　政策条例の実効性の確保は、罰則規定だけではない。そこで、以下では政策条例の実効性を後方支援する諸手段を紹介する。実に様々な手段があり、図表9のとおりである。
　図表9のとおり、まずは大きく、「権力的・規制的手法」と「誘導

> **図表9　政策条例の実効性確保の手段**
>
> - 権力的・規制的手法
>   - ①行政指導（助言、指導、勧告）
>   - ②公表
>   - ③経済的ディスインセンティブ（課徴金、保証金等）
>   - ④行政命令の強制的執行（代執行、強制徴収、民事手続の利用）
>   - ⑤罰則（行政刑罰、過料）
> - 誘導的手法
>   - ⑥協定
>   - ⑦経済的インセンティブ（補助金、助成金）
>   - ⑧活動の認証・認定
>   - ⑨表彰・顕彰
>
> 注）行政指導は相手方の任意の協力が前提となるものであり、本来は規制的手法ではないが、便宜的に記載している。
> 資料）地方分権改革推進本部「地方分権時代の条例に関する調査研究（中間まとめ）」を加筆・修正。

的手法」に分けられる。権力的・規制的手法とは義務を課し、これに従わない者を排除することで目的を達成する方法である。一方で誘導的手法とは、権力によって強制する権力的・規制的手法とは異なり、住民や事業者など関係者の主体的な協力によって目的を達成する方法である。

　そして、前者の権力的・規制的手法は、①行政指導、②公表、③経済的ディスインセンティブ、④行政命令の強制的執行、⑤罰則、がある。それぞれについて端的に説明する。

① 行政指導

　行政手続法によれば行政指導とは、「行政機関がその任務又は所掌事務の範囲内において一定の行政目的を実現するため特定の者に一定の作為又は不作為を求める指導、勧告、助言その他の行為であって処分に該当しないものをいう」（第2条）と規定されている。

　行政指導は相手方の任意の協力が前提となる。その意味では、本来は規制的手法ではない。しかし、実際は要綱などに基づいて、「地方

自治体という公権力」を背景に、半ば「強制的なお願い」が行われてきた実情がある。この行政指導は強制力のない事実行為にすぎないため、行政指導に従うかどうかは住民の自由である。

② 公　表

　昨今では、条例に違反した場合、罰則を科すのではなく、条例で氏名公表（企業名公表）を規定する事例が多くなっている。例えば、「仙台市落書きの防止に関する条例」の第10条では、「市長は、前条の規定による勧告又は命令を受けた者が正当な理由なく当該勧告又は命令に従わないときは、その者に意見を述べる機会を与えた上で、その旨を公表することができる」とし、落書きした違反者が消去命令などに応じない場合、市長は氏名を公表できる。

　条例違反者に対する氏名公表は、社会的制裁措置として大きな効果を有する。しかしながら、基本的人権の保護の観点からは問題のある場合もある。そこで、導入に当たっては、慎重になる必要がある。なお、ここでいう公表とは「制裁的公表」であり、地方自治体の施策内容などを公表するなどの「情報提供的公表」という意味ではない。

③ 経済的ディスインセンティブ

　ディスインセンティブとは、「負の効用」という意味がある。すなわち、条例違反者に対して経済的不利益を生じさせることにより、条例の実効性を確保しようとする手法である。例えば、課徴金や保証金がある。課徴金は、行政上の規制に違反することで得られた利益を取り上げ、利得行為を無意味とする手法である[13]。

　保証金は、事業者からあらかじめ金銭を保証金という名目で提供させ、これを一種の担保として、一定の行為や事業の実施、条件の遵守の確保を図る手法である。例えば、吉川市契約規則第35条第3項には保証金に関する規定があり、「契約保証金は、契約上の義務を履行しないとき又は契約が解除されたときは、市に帰属する」とある。

④ 行政命令の強制的執行

強制的執行には様々な手段がある。その中で、代執行を紹介する。代執行とは、法律（法律の委任に基づく命令、規則及び条例を含む）により直接に命ぜられ、又は法律に基づき行政庁により命ぜられた行為（他人が代わってなすことができる行為に限る）について、義務者がこれを履行しない場合において、他の手段によってその履行を確保することが困難であり、かつ、その不履行を放置することが著しく公益に反すると認められるときに、当該行政庁が自ら義務者のなすべき行為をなし、又は第三者をしてこれをなさしめ、その費用を義務者から徴収するものである（行政代執行法第2条）。

⑤ 罰　則

罰則規定は、第2章において言及しているため、そちらを参照されたい。

そして、誘導的手法がある。誘導的手法には、⑥協定、⑦経済的インセンティブ、⑧活動の認証・認定、⑨表彰・顕彰、がある。

⑥ 協　定

協定は、条例で直接に義務を規定するのではなく、宅地開発協定や公害防止協定のように「行政－事業者間」、あるいは「住民－事業者間」が協定を結び、それにより法的義務を生じさせるという手法である。

Reference

[13] 課徴金を条例で課すことの可否については見解が分かれている。筆者が調べたところ、条例に書き込めるという学識者はいる。しかし、多くの場合は条例において課徴金や直接強制などの強制手段を規定することは、現行の地方自治法上認められていないという見解である。また、財団法人日本都市センターの報告書『行政上の義務履行確保等に関する調査研究報告書』では、経済的制裁等による義務履行確保の手段として、違反者に金銭を課すことで規制を遵守させる手段（間接強制または課徴金）を、法律・条例で創設できるようにすることが必要である、と提言している。

例えば、条例による公害防止協定は、地方自治体と公害を発生するおそれのある事業者との間で、公害防止のため事業者がとるべき措置などを相互の合意により取り決めている。

⑦ 経済的インセンティブ

インセンティブとは、「正の効用」という意味である。経済的インセンティブは、条例の利害関係者の協力を引き出すために、協力者に対して何らかの経済的な利益を供与する方法である。具体的には、望ましい行為に対して給付する補助金や技術援助がある。また、協力に伴う損失補償、税制優遇なども考えられる。なお、補助金や損失補償などの経済的措置には、財政的な面からの限界がある。

⑧ 活動の認証・認定

活動の公的権威づけとは、条例の目的の達成に貢献する団体や個人の活動を、条例に基づき、公的なものとして認定するものである。例えば、「鳥取県駐車時等エンジン停止の推進に関する条例」では、「知事はアイドリングストップを推進するための体制の整備、行動計画の策定、実践、評価等の取組を行っている企業、法人等をアイドリングストップ推進事業所として認証する」（第8条）という規定がある。

⑨ 表彰・顕彰

表彰制度は、相手方に不利益を与える可能性を示して遵守に向かわせようとする公表とは逆に、利益（名誉）を与える可能性を示すことにより、遵守へ向かわせようとする制度である。例えば、「大阪府食の安全安心推進条例」の第18条には顕彰制度の規定があり、「知事は、食の安全安心の確保に関し、特に優れた取組をした者の顕彰に努めるものとする」となっている。

条例の実効性を担保していくためには、地方自治体の地域性や特徴

に合わせて、権力的・規制的手法や誘導的手法を組み合わせて、実行していくことが大事である。

4　条例の構造

一般的な条例の構造は、次のとおりである。以下、それぞれについて説明していく。

```
題名
目次
本則
  総則的規定
  実体的規定
    見出し
    条
      項
        号
  雑則的規定
  罰則
附則
```

【題名】

条例の題名は、条例の制定目的を的確に反映し、条例の内容を適切に表現していく。また、簡潔に表現し、住民にとって親しみやすい題名にすることが求められる。 さらに、既存の条例を調べて、他の条例とまぎらわしくないよう留意することも大切である。

例えば、「中里村雪国はつらつ条例」[14]は、その条例名だけをみても、条例の内容がおおよそ理解できるし、住民にとっても親しみやすさを感じることができるだろう（中里村は十日町市（新潟県）と合併し、同条例は失効している）。

また、板柳町（青森県）には、「りんごの生産における安全性の確

保と生産者情報の管理によるりんごの普及促進を図る条例」がある。同条例は、「りんごまるかじり条例」と通称を使用することで、住民にとって身近に感じることができる。**条例名が堅苦しくなった場合は、通称・略称を設けることも一案である。**

　題名の後に、目次を設ける場合がある。また、条例は本則と附則から成立する。本則には、総則的規定、実体的規定、雑則的規定、罰則が入る。

【総則的規定】

　総則規定は、条例の全般にわたる基本的規定・共通的規定である。条例の目的や趣旨、理念を定める規定にはじまり、制度運用の基本原則を定める規定となる。また、必要に応じ、その条例で使われている用語の定義規定や解釈規定を設ける。

　可能ならば、筆者は定義規定を書き込んだほうがよいと思っている。定義規定により、条例による定義を明確にしておくことが、条例の内容をクリアにしていくことにつながっていく。定義規定を「書き込んではいけない」という事由がない限りは、定義規定は設けたほうがよいだろう。

　条例の規定は「見出し」を設け、条・項・号の順序で書き込んでいく。また、総則規定の前に「前文」が入ることもある。この前文については、第3章において言及しているため、そちらを参照してほしい。

【実体的規定】

　実体的規定は、その条例の中心的な内容となる。また実体的規定

Reference

[14]　同条例は、東京書籍の中学公民の教科書に記述されたのだが、「雪国はつらつ条例」を「雪国はつらいよ条例」と誤って記述した（2002年）。そのことがマスコミ各社で報道され、中里村と同条例は全国的に有名となった。

は、総則的規定にある立法の目的規定や趣旨規定を受け、必要かつ十分な要件を重要度や時系列的に書き込んでいく。

【雑則的規定】
　条例により、実施される施策や事業に関係する細々とした規定である（後述しているが、施策や事業を具体的に書き込むことはしない方がよい）。雑則的規定で書き込むことは、手続的事項や技術的事項（報告の徴収、規則への委任など）である。条例全般に関係しながらも、基本的事項とまでは言えない細かな事項が定められる。

【罰則】
　その条例の違反行為に対するペナルティーを定めた規定である。条例に設けることのできる罰則は、懲役・禁錮・罰金・拘留・科料・没収・過料がある。罰則については、第2章において記しているので、そちらを参照してほしい。

【附則】
　附則とは、その条例の付随的事項を規定し、その条例の本体をなす部分である本則の後に置かれる。その冒頭に「附則」という標題を設けて、そこから附則が始まる。この附則には、施行期日が明記される。ただし、条例に特定の定めをしないと、公布日から10日を経過した日から施行される（地方自治法第16条第3項）。また、附則には一部改正、廃止などの規定、経過措置の規定も書き込まれる。
　附則の書き方は、本則の条・項の書き方に準じる。しかし、附則で複雑かつ多数の事項を規定する場合には条に区分され、それ以外のときは項だけに区分される。

　ここでは、一般的な条例の構造を示した。地方自治体ごとに、「例規文書作成要綱」や「例規文書作成規程」などが存在している場合も

ある。その際は、そちらを参照してほしい。

　最後に、条例における表現について言及しておきたい。筆者は、条文は抽象的に書くことが望ましいと考えている。もちろん、抽象的すぎてもいけない。この点について新藤宗幸・千葉大学法経学部教授は、次のように記している。

　それは「もともと法律は、社会的規範として力をもつために、一定の抽象度を備えていなくてはなりません。つまり、あらゆる事態に備えて詳細に規定したのでは、なにか新しい事態が生じると、たちまちのうちに規範としての意義を失います。そうかといって、きわめて抽象度の高いものとしたならば、いかように解釈ができ、規範としての意義をもちません。そこで、適度の抽象性を備えた法律の下位には、個別の事態に対応するために執行のための細則が順次定められていきます」[15]である。筆者は、そのとおりだと思う。

M研究員のメモ

具体的数字を盛り込んだ条例

　筆者は、「条例は抽象的に書くことが望ましい」と主張した。その理由は、抽象的に書き込んだほうが、TPO（時と場合）に応じて、様々な事象に対応できるからである。しかし、最近では具体的な数字を書き込んだ条例も登場しつつある。

　例えば、「千代田区行財政改革に関する基本条例」の第4条は、千代田区が行財政改革を進めるに当たり、目標とする経常収支比率と人件費比率の数字が具体的に書き込まれている。

Reference

[15]　新藤宗幸（1998）『行政ってなんだろう』岩波書店

> **第4条** 第1条に定める数値目標は、次のとおりとする。
> (1) 経常収支比率　85％程度
> (2) 人件費比率　　25％程度

　今まで、このような条例はあまり見受けられなかったため、筆者には少し違和感がある。しかし、「こういう時代になったのだなぁ」というのが正直な感想である。
　もし、筆者が行財政改革推進条例を検討するならば、条例には具体的な数字は書き込まないと思う（例えば急激に経済状況が悪くなった場合は、条例に書き込んだことを実現することは難しくなると思われる）。その理由は、条例において「弾力性」を持たせておきたいからである。この弾力性とは、「時代状況に応じて変化できる幅であり、柔軟性や融通性」という意味で使用している。しかし、確かに具体的な数字がないと、行財政改革が進まないおそれもある。
　そこで、筆者は条例においては抽象的に行財政改革の実行性の遵守を書き込み、一つの規定として「実施計画の策定等」を設ける。そこには、「区長は、推進方策に基づく改革の推進に当たっては、年度ごとの実施計画を定めなければならない」という文言を入れる。そして、条例に基づき実施計画を策定し、その実施計画に経常収支比率や人件費比率などの具体的数字を掲げ、行財政改革を進めていく手法をとるだろう（このようなスタイルを採用する地方自治体が多いと思われる）。
　現時点の筆者は、やはり条例はある程度の抽象性を兼ね備えておくことで、様々な事態に臨機応変に対応していく方が望ましいような気がする。

5 法令解釈の視点

これからの時代は、「法令を地域適合的に解釈運用し、地域特性に応じた独自の条例を作っていくこと」が求められる。そして、地域特性に応じた独自の条例を作るためには、法令を（都合よく？）解釈する能力が必要となってくる。

法令を独自に解釈して、地方自治体独自の条例を制定した事例として、三重県を紹介する。同県の議会基本条例には、附属機関の設置規定がある（第12条）。

> （附属機関の設置）
> 第12条　議会は、議会活動に関し、審査、諮問又は調査のため必要があると認めるときは、別に条例で定めるところにより、附属機関を設置することができる。

地方自治法には、地方自治体の長は附属機関[16]を置くことができると規定がある。しかし、同法には議会に附属機関を置くことができるとは書いていない。そこで、三重県議会は、地方自治法には「議会は附属機関を設置してはいけない」と書いていないと「反対解釈」して、「議会基本条例に附属機関を置くことができる」という条例を制

Reference
[16]　附属機関とは、専門家や市民の意見を行政に反映させるために設けられた、審査・諮問・調査・計画策定・連絡調整等を目的とした機関である。地方自治法第138条の4第3項及び第202条の3の規定により、法律又は条例に基づいて設置されたものである。

ちなみに、附属機関に代わるものとして、「類似機関」や「私的諮問機関」がある。これらの機関は、有識者等の意見を聴取し、施策等に反映させることを主な目的として、要綱等に基づき設置される懇話会、委員会、その他の会合のことである。附属機関に準じ行政に対する助言等を行う。

第28次地方制度調査会専門小委員会は地方議会のあり方を検討し、議会が政策提言するためシンクタンクを設置するなど、「附属機関」も設置できるよう新たな規定を求めている。

図表10　法令解釈の視点

- ①法規的解釈
- ②学理的解釈
  - ③文理的解釈
  - ④論理的解釈
    - 法令の規定の文字によりつつ、その文字をそれが用いられているよりも、広げたり、狭めたり、変更したりする解釈
      - ⑤拡張解釈
      - ⑥縮小解釈
      - ⑦変更解釈
    - 法令の規定の上に直接書いていない事柄について、言外に意味を読みとる解釈
      - ⑧反対解釈
      - ⑨類推解釈
      - ⑩もちろん解釈
      - ⑪条理解釈

資料）長谷川彰一（2008）『法令解釈の基礎』ぎょうせい

定した[17]。

　このように、既存の法令を独自に解釈して、地方自治体において特色ある政策条例を創っていく時代である。本節では、既存の法令を独自に解釈していく視点をいくつか紹介する。図表10は法令解釈の視点を記したものである。以下では、それぞれの手法について簡単に記していく。

　まず大きく、①法規的解釈と、②学理的解釈に分けられる。

Reference

[17]　地方議会に附属機関を設置することについて、総務省は「合議制の議会が附属機関を設置するのは、地方自治法に設置の根拠となる規定がない」と指摘している。これに対して、三重県議会の萩野議長は、「私たちにも地方自治法の解釈権があり、違反することではないと思っている」と主張した（「読売新聞」2009年2月3日・「伊勢新聞」2009年2月3日）。
　萩野議長が「私たちにも地方自治法の解釈権があり」と発言しているように、筆者は地方自治体が持つ法令の解釈権を駆使して、独自の条例を制定していくことはよいことだと思うし、正論と考えている。

① 法規的解釈

　法令の意味を明らかにするために、条文により解釈することである。例えば、定義規定や目的規定、趣旨規定などから法令の意味を検討していく手法である。この法規的解釈は、立法者（条例立案者）の立場で条文の意味を明確にしていくことが求められる（そのため「立法解釈」とも称される）。

② 学理的解釈

　学理的思考（学問上の理論や原理）のもとで、法令の意味内容を明らかにすることである。文字の意味や文章の意味を文法的に解釈するものである。この学理的解釈は、③文理的解釈と、④論理的解釈とに細分される。

③ 文理的解釈

　文理解釈とは、法令の規定をその規定の文字や文章の意味するとおり、忠実に解釈することである。法令における条文の字句や修飾関係などを解釈する手法であり、オーソドックスな手法である。

　この文理解釈は、㋐文字や用語は普通に慣用される意味にとる、㋑制定当時の意味で考える、㋒法令用語の約束に従う。例えば、「又は」「若しくは」「及び」「並びに」「推定」「みなす」「直ちに」「速やかに」「遅滞なく」などについては、その意味をしっかりと把握することがキーポイントとなってくる。

④ 論理的解釈

　論理的解釈とは、法令の文言にとらわれることなく、法令の目的・趣旨・道理などに重きを置いて解釈することである。法令の文字や文言、用語だけにとらわれることなく、法令の趣旨・目的を検討・重視し、道理や条理を含んで解釈する。

　この論理的解釈は、「法令の規定の文字によりつつ、その文字をそ

れが用いられているよりも、広げたり、狭めたり、変更したりする解釈」として、⑤拡張解釈、⑥縮小解釈、⑦変更解釈、に分けられる。
　また、「法令の規定の上に直接書いていない事柄について、言外に意味を読みとる解釈」として、⑧反対解釈、⑨類推解釈、⑩もちろん解釈、⑪条理解釈、に細分化される。

⑤　拡張解釈
　ある言葉が、広い意味にも狭い意味にも採れる場合に、あえて広い意味に採る解釈手法である。すなわち、法令における文言の意味を、通常より広く解釈する方法である。拡大解釈とも呼ばれる。
　例えば、「靴はきちんとそろえて置くこと」という規定があったとする。この場合は、「靴とは足に履くものをすべていう」と大きく解釈（定義）することにより、サンダルも長靴も「靴」として捉える。
　あるいは、「ご飯を食べてはいけない」という法規定があったのならば、その「ご飯」とは、「米」だけを食べてはいけないとも、「食事」をしてはいけないとも捉えることができる。その中で拡大解釈を採用する場合は、この「ご飯」をあえて「食事」と解釈し、「食事をしてはいけない」と捉えることである。

⑥　縮小解釈
　縮小解釈とは、拡張解釈とは逆の立場を採る。すなわち、法令の規定の文字や用語を、それが普通に意味するところよりも狭く解釈することである。例えば、「靴はきちんとそろえて置くこと」という規定があった場合に、「靴」を「革靴」と「スニーカー」だけに限定すれば、縮小解釈となる。
　また、「ご飯を食べてはいけない」という規定があったならば、それは「米」だけを食べてはいけない（ご飯＝米）と考えることである。

⑦　変更解釈

　文言の意味を変更する解釈である。法令における字句を多少変更した意味にとって解釈する手法である。もちろん、変更するには「合理性を持った」変更でなくてはいけないし、相手に対して「説得性を持った」解釈を示さなくてはいけない（これは、他の解釈にも言えることである）。

　例えば、玄関の前に「ここで、靴をきちんとそろえて置くこと」と張り紙があったとする。しかし、工事によって玄関がその先に移動してしまった場合は、そのときは「ここ」を「その先の玄関」として、（勝手に）解釈することが変更解釈である。なお、この変更解釈は、むやみにするものではないとされている（それは、変更した理由を合理的に説明することが難しい場合が多々あるからである）。

⑧　反対解釈

　あるＡという事項について規定する法令がないとき、「Ａを規定していないのだから、条例により規定してもかまわない」と考える解釈である[18]。あるいは、Ａという事項について法令に規定があるとき、「Ａ以外の事項については、その規定は適用されない」と解釈することである。筆者に言わせれば、「都合よく解釈する」ということになる。しかし、この解釈には、合理性が伴わなくてはいけない。

　例えば、「馬車の通行を禁止する」という規定がある場合、「（馬車の通行はダメであるが、そこに記されていない馬車以外の）人や犬は

Reference

[18]　一般的には法令による規制がされていないことが、特にその事項についてはいかなる規制をも施すことなく放置すべきという趣旨であるときは、その事項について条例で規制をすることはできないとされる。つまり、「おお、この分野は法律で規制してないじゃん。ならば条例で規制しちゃおう」という短絡的な発想ではいけないということである。あえて意図して法律で規制していない場合もある。規制していないからには、「何かしらの理由があって規制していない」と考えた方がよい。そのことを認識した上で、反対解釈を用いて、独自の条例を作っていく。

通行してもよい」と解釈することである。

　さて、いきなりだが、読者に質問である。次の問題を考えてもらいたい。

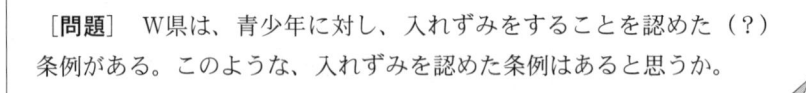

> [問題]　W県は、青少年に対し、入れずみをすることを認めた（？）条例がある。このような、入れずみを認めた条例はあると思うか。

　回答は……「○」かもしれない。和歌山県の「和歌山県青少年健全育成条例」の第25条には、「何人も、正当な理由がある場合を除き、青少年に対し、入れずみをし、若しくは他人にさせ、又はこれらの行為の周旋をしてはならない」とある。この規定を反対解釈の手法を用いると、「正当な理由がある場合」は、青少年に入れずみをしてもよいことになってしまう。

⑨　類推解釈
　類推とは、「類似の点をもとにして、他を推しはかること」をいう。ある場合に適用できる法律がない場合に、類似の状況にある法律Aを探して、法律Aを適用するという解釈手法である。ある意味、解釈の拡大であり、対象となる適用範囲を広げることでもある。
　例えば、「犬をいじめてはいけない」という規定があったとする。その趣旨がペットをかわいがるという場合は、同じ哺乳類でペットである「猫もいじめてはいけない」と捉えることである。
　ちなみに、刑法では類推解釈は原則として禁止されている。その理由は、刑法の適用範囲を広げると、刑罰による人権侵害につながるおそれがあるためである。

⑩　もちろん解釈
　法令の文言として規定されていないが、法令がより強い理由で適用

されるという解釈である。例えば、「小さいものが許されているのだから、大きいものはもちろん許されている」とか、「大きいものが禁止だから、小さいものは当然に禁止である」という捉え方である。

ある法規定に、「道が狭いため馬車の通行は禁止」となっていたとする。この場合は、馬車より大きな象は「もちろん」通行禁止という解釈である。あるいは、「靴はきちんとそろえて置くこと」と定められていた場合に、「それよりも大きくてかさばる長靴は、もちろんのことそろえて置かなければならない」と解釈することである。

⑪ 条理解釈

法令の規定には直接書いていないことがある。さらに、類推解釈や反対解釈のもととなる規定（文言）がない場合もある。そのような状況においては、条理解釈が使えるかどうか検討する。条理解釈は、その法令の目的・趣旨・道理などに重きをおいて解釈する手法である。すなわち、条理解釈は法令の規定の上に直接書いていない事柄について、言外の意味を読みとる解釈である。

法令の規定に書き込まれていない「言外の意味を読みとる解釈」として、目的論的解釈と立法者意思解釈がある。前者の目的論的解釈とは、法令の制定された目的を探求し、もし立法者（条例立案者）がその目的に従って現在立法したとすれば、どのように立法するであろうかを推測して解釈することである。

後者の立法者意思解釈とは、立法の資料などによって、法規の立法当時の目的・意味を明らかにしていく解釈方法である。そして、立法者意思解釈では立法当時の立法者の意思を基準にして解釈される。

この条理解釈は、文言にヒントが（少）ないため、より合理性・説得性・納得性を持った解釈が求められる（もちろん、このことは他の解釈にも当てはまることではある）。なお、条理とは「社会における物事の筋道」という意味がある。

地方自治体は、多様化・多発化する住民ニーズや、様々な地域課題に対応するため、自ら責任を持って法令を解釈し、条例・規則などの整備や体系化を進めていかなくてはいけない時代に入りつつある。先に記した「地域特性に応じた独自の条例を作る法的な活動」を実現するためには、法令解釈の（小さな）視点を持つことは重要である。
　第Ⅱ部では、個別具体的な政策条例の概要を紹介することにする。

第Ⅱ部
政策開発の事例

　第Ⅱ部は、最近話題の政策条例を概略的に紹介している。全部で7つの章から構成されている（第5章から第11章まで）。
　それは、第5章が「子どもの権利条例」であり、第6章は「生活安全条例」となる。次いで、第7章が「住民投票条例」であり、第8章は「住民参加条例」と続いていく。また、「協働推進条例」（第9章）、「コミュニティ再生条例」（第10章）となり、最後に「自治基本条例」（第11章）となっている。
　繰り返すが、第Ⅱ部で紹介した政策条例は、時宜を得たものであると思っている。それぞれの政策条例について、大まかに理解できるよう記しているため、読者の政策条例の幅を広げるのに大いに貢献すると思われる。

第5章 子どもの権利条例

1 はじめに

　2000年に、川崎市（神奈川県）は子どもの権利保障を総合的に規定した全国初の「川崎市子どもの権利に関する条例」（以下、「川崎市条例」とする）を制定した。川崎市条例は、「子どもの権利に係る市等の責務、人間としての大切な子どもの権利、家庭、育ち・学ぶ施設及び地域における子どもの権利の保障等について定めることにより、子どもの権利の保障を図ること」を目的としている（第1条）。

　川崎市条例は、子ども意見表明権や権利救済などを「ありのままの自分でいる権利」や「自分を守り、守られる権利」「自分で決める権利」という規定の見出しにより、**子どもにも親近感を与える配慮も工夫されている**。当時としては画期的な条例であり、その後、多くの地方自治体が参考にしてきた。

　一方で、子どもの個別具体的な課題に対応する条例としては、1998年に川西市（兵庫県）が、「川西市子どもの人権オンブズパースン条例」を制定している。同条例は、子どもの権利侵害に関する救済制度を設けている。

　川崎市条例が一つの契機となり、子どもの権利保障に関する条例（以下、「子どもの権利条例」とする）が全国的に広がっていく。2002年には奈井江町（北海道）において誕生し、2003年には小杉町[1]（富山県）が制定した。

　子どもの権利条例を制定する動きは強まっており、少なくない地方

Reference

[1]　小杉町は2005年11月1日に市町村合併により、射水市となった。

自治体が、子どもの権利条例を制定しようとしている。以上を背景として、本章では、この子どもの権利条例の制定状況や概要などを概略的に紹介する。

2　法環境の整備と条例の制定状況

◆相次いで整備されてきた法環境

多くの子どもの権利条例の根拠法は、国が1994年に批准した「児童の権利に関する条約」（子どもの権利条約）と考えられる[2]。同条約は、基本的人権が子どもにも保障されるべきことを国際的に定めた条約であり、子どもの人権や自由を尊重し、子どもの保護と援助を進めることを目的としている。同条約は、国が批准する5年前の1989年に国連で採択されている。

ちなみに、条約とは文書による国家間の合意のことを指す。それは、ただちに国内法としての効力を持つものではない。しかしながら、憲法が「日本国が締結した条約及び確立された国際法規は、これを誠実に遵守することを必要とする」（第98条第2項）と規定していることから、条約が批准され公布されると国内法に転換する。すなわち、批准された条約は、地方自治体が条例を制定する際の根拠法として認め得る。

国は児童の権利に関する条約を批准した後、子どもに関係する法整備を進めてきた。例えば、2001年には「子どもの読書活動の推進に関する法律」が制定された。そして、2003年には「少子化社会対策基本

Reference

[2]　この「児童の権利に関する条約」に関連して、国連が採択したものには、「国際人権規約」「女子差別撤廃条約」「人種差別撤廃条約」などがある。これらの人権条約も、子どもの人権に密接に関連している。また、1996年には「子どもの商業的性的搾取に反対する世界会議」が開催され、子どもを性的搾取・虐待から保護するために、世界の国々が法律を整備することが求められた。これらを受け、1999年に国は、「児童買春・児童ポルノ禁止法」を成立している。

法」や「次世代育成支援対策推進法」も制定されている。さらに、2006年には「就学前の子どもに関する教育、保育等の総合的な提供の推進に関する法律」が制定されている。

このように、国は相次いで「子ども」を対象とした法律を制定している。特に昨今では、少子化対策という意味合いもある。それらの法整備を受けて、地方自治体は子どもの権利保障を前提とした、自らの地域性や特徴に合わせた子どもに関する条例を制定しつつある。

◆子どもの権利条例の制定状況

川崎市条例を契機として、子どもの権利保障を目的とした条例が全国の地方自治体に拡大しつつある。この子どもの権利条例の制定状況は、札幌市の調査によると、2008年7月31日の時点で、48団体が制定済みとなっている[3]。昨今では、岩倉市(愛知県)、筑紫野市(福岡県)などにおいても誕生した。そして現在では、子どもの権利条例を検討する地方自治体は枚挙にいとまがない。

都道府県に視点を移すと、2002年に埼玉県が、「埼玉県子どもの権利擁護委員会条例」を制定している。同条例は、「子どもに対する身体的又は精神的な暴力等子どもの権利の侵害に関して簡易迅速な救済を行うため、埼玉県子どもの権利擁護委員会に関し必要な事項を定め、もって子どもの権利の侵害を防止し、心身の健全な成長を図ること」を目的としている。同条例は、子どもの「権利救済」に特化した個別的な課題に対応している。

その後2004年には、高知県がはじめて子どもの権利保障を総合的に規定した「高知県こども条例」を制定した。同条例は、「高知県の未来を担うすべてのこどもが、自ら考え行動し、夢や希望を持ち続け、自然や郷土を愛し、心豊かに健やかに育つこと」を目的としている

Reference
[3] 詳細は、札幌市子ども未来局子ども育成部子どもの権利推進課のホームページを参照していただきたい (http://www.city.sapporo.jp/kodomo/kenri/index.html)。

図表11　都道府県における子どもに関する条例の推移

制定年	条例名
2002年	埼玉県子どもの権利擁護委員会条例
2004年	北海道子どもの未来づくりのための少子化対策推進条例
	子どもを虐待から守る条例（三重県）
	高知県こども条例
2005年	子どもを犯罪の被害から守る条例（奈良県）
2006年	秋田県子ども・子育て支援条例
	滋賀県子ども条例
2007年	神奈川県子ども・子育て支援推進条例
	いしかわ子ども総合条例
	大阪府子ども条例
	子育ての文化の創造のための子育て支援・少子化対策の推進に関する条例（山口県）
	熊本県子ども輝き条例
	京都府子育て支援条例
	安心して子どもを生み育てることができる岐阜県づくり条例
2008年	長崎県子育て条例
	和歌山県子どもを虐待から守る条例

（第1条）。昨今では、都道府県において「子どもの権利保障」の観点を含んだ子どもに関する条例が相次いで誕生している（図表11）。

3　子どもの権利条例の類型

　滋賀県の『滋賀県子ども条例検討委員会報告書』は、地方自治体における子どもの権利条例の性格を大きく3つに類型している。

　第1に、子ども施策の方向性や子どもの権利の理念・原則を定めた「**宣言・理念条例**」である。例えば、箕面市（大阪府）の「箕面市子ども条例」や、世田谷区（東京都）の「世田谷区子ども条例」などが該当する。

第2に、子どもの権利侵害などに対する相談・救済など、個別的な課題に対応していくための「個別条例」である。それは、川西市（兵庫県）の「川西市子どもの人権オンブズパーソン条例」や「埼玉県子どもの権利擁護委員会条例」などが挙げられる。

　第3に、子ども施策の方向性や意見表明・参加、相談・救済、施策の検証など、子どもの権利保障を総合的に規定した「総合条例」である。この場合は、川崎市（神奈川県）の「川崎市子どもの権利に関する条例」や、多治見市（岐阜県）の「多治見市子どもの権利に関する条例」がある。

　今日では、第2の「個別条例」が多方面に広がっている。子どもの個別的な課題に関していえば、「意見表明・参加」「幼保一元化」「安全・安心」「健全育成」「健全育成・子育て環境の整備」「福祉（障害児童）」などがある。さらに昨今では、子どもが犯罪被害に遭う事件やいじめ、児童虐待などが多発化傾向にあることから、それらの予防や防止、そして事件が発生した際の対処を想定した「個別条例」もある。

　また、「総合条例」に関して言及すると、石川県の「いしかわ子ども総合条例」は全99条から成っており、青少年の健全な育成や食育に加え、ワークライフ・バランスまでも入っている。

　このように、子どもの権利保障を土台に添えた川崎市条例からはじまり、今日では、実に様々な子どもに関する条例があることが理解できる。

4　子どもの権利条例の構造

◆目的

　基本的には、多くの子どもの権利条例は、国が批准している「児童の権利に関する条約」を踏襲している。そのため、子どもの権利保障の確立を目指した規定があり、子どもの権利が侵害されたときの救済

図表12　各子どもの権利条例における目的規定

条例名	制定年	目的
川崎市子どもの権利に関する条例	2000年	この条例は、子どもの権利に係る市等の責務、人間としての大切な子どもの権利、家庭、育ち・学ぶ施設及び地域における子どもの権利の保障等について定めることにより、子どもの権利の保障を図ることを目的とする。
奈井江町子どもの権利に関する条例	2002年	この条例は、奈井江町で育つ子どもにとって最善の利益が尊重されるとともに、子どもの自己形成を支援するための基本理念を定め、町及び町民の役割を明らかにすることにより、子どもの権利を保障し、すべての子どもが幸福に暮らせる町づくりを進めることを目的とする。
調布市子ども条例	2005年	この条例は、子どもとその家庭への支援の基本理念並びに家庭、学校等、地域、事業主及び市の役割を明らかにするとともに、施策の基本となる事項を定めることにより、子どもが夢を持ちながら、いきいきと育ち、自立することができるまちづくりを推進し、子どもが健やかに育つことを目的とする。
いしかわ子ども総合条例	2007年	この条例は、子どもが健やかに生まれ育ち、自立した大人となり、そして安心して子どもを生み、育てることができる環境づくりについて、基本理念を定めるとともに、乳幼児の出生及び発達の保障、青少年の健全な育成、若者の自立に向けた支援、地域社会全体による子育て支援、子育てをする雇用労働者への配慮、食育の推進並びに子どもの権利擁護に関し、それぞれ必要な事項を定めることにより、子どもに関し一貫した施策を総合的に推進し、もって石川の次代を担う子どもが健やかに生まれ、かつ、育成される社会の形成に資することを目的とする。
上越市子どもの権利に関する条例	2008年	この条例は、子どもの権利の内容を明らかにするとともに、その尊重及び保障に関し必要な事項を定めることにより、子どもの心身の健やかな成長を地域社会が支援し、もって子どもが安心し、かつ、自信を持って生きることができる地域社会の実現に寄与することを目的とする。

の手続きを明記した条例となっている。そして、これらを通して、すべての子どもが幸福に暮らせる地域づくりを進めることを目的としている条例が多い（図表12）。

　ちなみに、都道府県は市区町村よりも施策や事業の範囲が広いため、当然子どもに関する施策や事業の内容も幅広くなり、様々な要素が入る傾向が見受けられる。そのため、目的も幅広くなる傾向がある。

最近の子どもの権利条例は、上記の規定に加え、「子育て支援」や「健全育成」の要素も入る傾向が強まっている。特に、国が「少子化社会対策基本法」や「次世代育成支援対策推進法」を制定した時期あたりから、地方自治体において検討された子どもの権利条例の中には、「子育て支援」をはじめとした少子化対策の要素が入りつつある。

現在、地方自治体は少子化対策に関する様々な施策や事業を実施している。それらの根拠は、「次世代育成支援対策推進法」にある。しかし、同法は時限法であり、2015年3月31日には効力を失う。そのため、少なくない地方自治体は、制定を検討している**子どもの権利条例の中に少子化対策の要素を規定として書き込むことで、現在実施している少子化対策を目的とした施策や事業の法的根拠を担保しようとしている**と思われる。

◆子どもの年齢

わが国が批准している「児童の権利に関する条約」の第1条で、「この条約の適用上、児童とは、18歳未満のすべての者をいう」とあることから、多くの子どもの権利条例は、「18歳未満」を対象としている。

しかしながら、地方自治体によって、この定義は若干異なっている。例えば、「大阪府子ども条例」では、「おおむね18歳未満の者をいう」（第2条）とし、「おおむね」という文言が入っている。一方で、「高知県こども条例」では、「この条例において「こども」とは、18歳未満のすべての者をいいます」（第3条）となっており、児童の権利に関する条約を踏襲していることが分かる。

◆子どもの対象範囲

川崎市条例では、「市民をはじめとする市に関係のある18歳未満の者その他これらの者と等しく権利を認めることが適当と認められる

者」を子どもと定義している。すなわち、川崎市条例における子どもとは、「川崎市に関係のある18歳未満の者」となる。

一方で、「奈井江町子どもの権利に関する条例」（以下、「奈井江町条例」とする）では、「18歳未満のすべての者をいう」（第2条）としている。この定義規定から、奈井江町条例における子どもの定義は、町民以外の者を含むのかどうかは明確でない。

ただし、奈井江町条例の逐条解説によれば、条例で使用している「すべての者」の意味を「町民であっても他市町村の職場、施設、学校に通っている者及び町民でなくても奈井江町にある職場、施設、学校に通っている者も含む」と明記している。そのことから、奈井江町条例における子どもとは、「18歳未満で、奈井江町の定住人口に加え交流人口も含まれる」と解することができる。

◆施策展開

川崎市を中心に紹介する。川崎市条例は7つの子どもの権利を捉えている。それは、①安心して生きる権利、②ありのままの自分でいる権利、③自分を守り、守られる権利、④自分を豊かにし、力づけられる権利、⑤自分で決める権利、⑥参加する権利、⑦個別の必要に応じて支援を受ける権利、である。そして、この7つの権利を確実なものとするために、様々な施策や事業が実施されている。

例えば、「かわさき子どもの権利の日の事業」（第5条）がある。同事業は毎年11月20日を「かわさき子どもの権利の日」として、街頭啓発活動、講演会、展示などを実施している。

また、「川崎市子ども会議」（第30条）がある。川崎市のホームページでは、子ども会議について、「子どもが、自分たちの手で子どもの権利や川崎のまちづくりなどについて活動を進めていくものです」と紹介している[4]。そして、この子ども会議を一つのチャンネルとし

Reference

[4] 次のURLを参照していただきたい。
　　http://www.city.kawasaki.jp/88/88syogai/home/kodomokaigi/index.htm

て、子どもが川崎市政について意見を表明することができる。

そのほか、「川崎市子ども夢パーク」（第27条・第31条）や「川崎市人権オンブズパーソン」（第35条）などがあり、多方面から積極的に子どもの権利を啓発し普及している。

◆実効性確保

川崎市条例の実効性の確保は、「川崎市子どもの権利に関する行動計画」と「子どもの権利委員会」の2側面から取り組んでいる。

まず、行動計画を説明する。川崎市条例第36条には、行動計画の規定がある。それは、「市は、子どもに関する施策の推進に際し子どもの権利の保障が総合的かつ計画的に図られるための川崎市子どもの権利に関する行動計画を策定するものとする」となっている。現在は、2008年度から2010年度を期間として、「第2次川崎市子どもの権利に関する行動計画」が実施されている。

この行動計画では、3つの目標と21の施策が設けられている。特に21の施策は、川崎市が実施している政策評価の対象となることから、着実な施策展開が担保されていると指摘できる。

次に、「子どもの権利委員会」である。川崎市条例第38条に子どもの権利委員会の設置規定がある。同委員会は、子どもの権利の保障を推進し、子どもに関する施策の充実を図るため、第三者の立場から検証していく機関として設置されている。この委員会が、川崎市条例と同条例に関連する川崎市子どもの権利に関する行動計画を定期的にチェックしていく役割を果たしている。

5　特徴的な子どもの権利条例

ここでは、子どもの権利条例に関連する特徴的な条例を紹介する。

◆10歳以上が持つ住民投票権

2003年に制定された「奈井江町合併問題に関する住民投票条例」に

は、「町長は、前条までに規定する住民投票とは別に、子どもの権利に関する条例の趣旨に則り、昭和60年4月2日から平成5年4月1日までの間に生まれた者を対象に、合併問題に関する意向を確認する投票を行うことができる」（第17条）として、当時としては10歳以上が住民投票権の対象となっていた。これは規定にもあるように、同町の子どもの権利条例の趣旨により、実施されたものである。

ちなみに、条例による住民投票権は公職選挙法の適用を受けない。そのため、公職選挙法上の有権者以外の者に投票資格を与えることは可能である。最近では、永住外国人に住民投票権を与えたり、未成年者の一部などに住民投票権を与える傾向が強まっている。

◆いじめ防止を目的とした条例

小野市（兵庫県）には、「小野市いじめ等防止条例」がある。同条例は、いじめなどの防止に関する基本理念を定め、小野市、市民、学校、社会福祉施設、企業、公的機関、家庭や地域社会の責務と役割を明らかにしている。また、いじめなどの防止の基本となる施策を総合的・計画的に取り組むことにより、いじめなどのない明るく住みよい社会を実現することを目的としている。

また同市は、**いじめ問題の担当課を教育部門ではなく、市長部門に設置している点も特徴である**。この小野市での制定を受けて、いじめ防止を目的とした条例が、埼玉県や那覇市など全国的に広がりつつある。

◆子どもの犯罪被害などの防止

昨今は、子どもの犯罪被害や児童虐待の不安が増している。そこで、これらの個別課題に対応した条例が登場している。例えば、三重県の「子どもを虐待から守る条例」（以下、「三重県条例」とする）や奈良県の「子どもを犯罪の被害から守る条例」（以下、「奈良県条例」とする）である。

三重県条例も奈良県条例も、子どもの安全安心に力点を置いた条例である。なお、子どもの安全安心に関していえば、京都府の「京都府自転車安全利用促進条例」がある。同条例は、自転車に同乗する6歳未満の子どもにヘルメット着用を義務づけており、これも子どもの安全安心の実現を目的としていると考えられる。

6　おわりに

今日では、子どもを取り巻く問題が複雑化しつつある。近年では、少子化や核家族化の進行などにより、身近に子育てを支える人が少なくなった。その結果、子育て家庭を取り巻く環境は厳しくなりつつある。さらに、一層の少子化の進展により、子ども同士のコミュニケーションが希薄になり、子どもの健やかな成長が危惧されている。

その結果、昨今では、何かにつけて「子ども」が話題となる。図表13は新聞各紙（朝日新聞・産経新聞・毎日新聞・読売新聞）における「子ども」という言葉の登場回数の推移である。

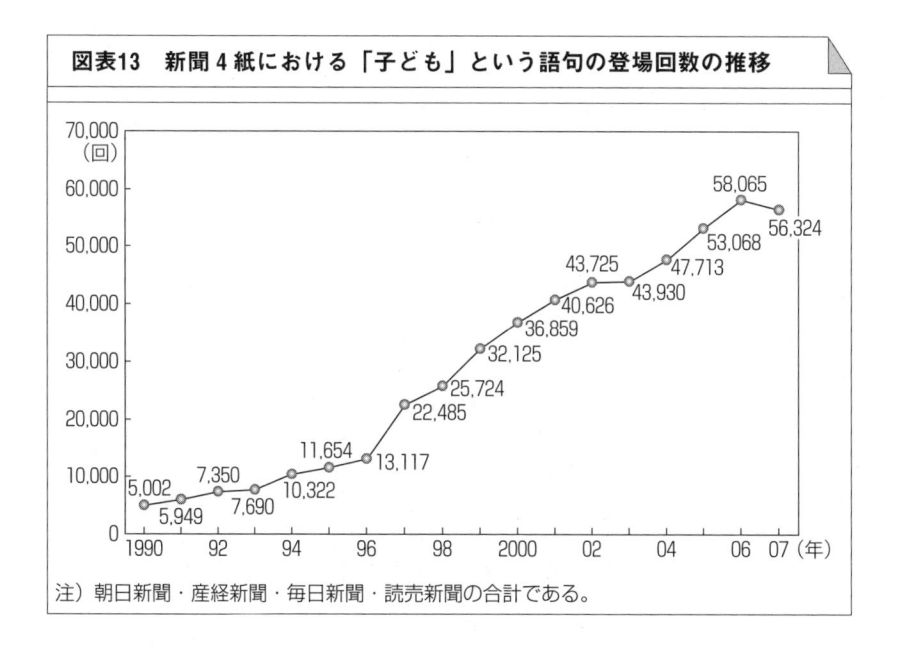

図表13　新聞4紙における「子ども」という語句の登場回数の推移

年	回数
1990	5,002
91	5,949
92	7,350
93	7,690
94	11,654
95	10,322
96	13,117
97	22,485
98	25,724
99	32,125
2000	36,859
01	40,626
02	43,725
03	43,930
04	47,713
05	53,068
06	58,065
07	56,324

注）朝日新聞・産経新聞・毎日新聞・読売新聞の合計である。

2007年は減少傾向にあるが、それでも1年間に「56,324」回も登場している。これは、1日当たり、1紙は154回の掲載となる。新聞4紙が、これだけ多く「子ども」という語句を取り上げることから理解できるように、今、世論は子どもに関心があり、地方自治体も無視できなくなってきたことが、相次ぐ子どもの権利条例の制定の背景にあると考えられる。

地方自治体の中には、子どもの権利「条例」を制定せず、子どもの権利に関する「宣言」を担保として、施策や事業を実施している場合もある。例えば、八王子市（東京都）は、2001年に「八王子市子どもすこやか宣言」を行っている。その宣言を受けて、同市は市内を5つの地域に分けて「子ども会議」などを開催している。

この「宣言」は、議会での決議により成立する。決議は議会が行う意思形成行為で、議会の意思を対外的に表明するために行われる議会の議決のことである。決議の内容は、地方自治体の公益に関することについて、広範な問題も可能とされる。決議には法的効果を伴う場合もある。しかし、条例と比較して法的効果は弱いため、決議による宣言よりも、やはり条例化がよいと考えられる[5]。

Reference

[5] 子どもの権利条例に批判的な見解がある。その内容は、「いきすぎた解釈による批判」ということが少なくない。例えば、子どもの遊ぶ権利を認めると、子どもが勉強しなくなるというものであったりする。確かに、そういう子どもも出てくるかもしれないが、すべての子どもたちが、そのようになるとは常識的には思えない。条例の解釈は、常識の範囲内で検討することがルールである。その常識の見地から考えれば、必ずしも子ども条例は批判されるものではないと考える（もちろん、批判には真摯に耳を傾けることは大切である）。

第6章 生活安全条例

1 はじめに

　本章は「生活安全条例」を検討する。この「生活安全」という言葉が持つ意味の範囲は広い。今日では、日常の生活安全を脅かす危険因子として、自然災害、交通事故、火災、犯罪など多々ある。しかし**昨今、相次いで制定されている生活安全条例は、危険因子の中でも、「犯罪被害の予防」に焦点が置かれている**。本章では、この「犯罪被害の予防」に焦点を当てた生活安全条例を考察の対象とする。

　具体的な議論に入る前に、「生活安全条例」の意味を確認しておきたい。それは広義と狭義に分けられる。

　まずは、広義の意味を確認しておきたい。**広義の生活安全条例は、地方自治体が住民生活の安全・安心**[1]**に寄与することを目的に、①犯罪被害、事故などの防止に配意した生活環境・防犯環境設計の整備、②安全・安心に関して地域住民の意識の高揚、③地域住民の自主的な安全・安心活動を促進、などを規定している条例**、と定義することができる。すなわち、すべての危険因子から日常生活の安全を確保しようとする条例になる。

　一方で、狭義の意味は、昨今制定されている生活安全条例から抽出することができる。それは、地方自治体が住民生活の安全・安心に寄

Reference

[1] 　一般的には、「安全」は科学的に裏づけのあるものをいう。客観的な事実である。例えば、建築基準を満たしている建物にいる場合は「安全」である。一方で「安心」とは、個人個人の感情に起因する。あくまで主観的な事実である。例えば、建築基準を満たしている建物に住んでいても、そこにいる住人が「安心」と思わなければ、「安全」は達成できたが、「安心」は実現できたとはいえない。

与することを目的に、日常生活を取り巻く様々な危険因子の中でも、「犯罪被害の予防」に特化した条例である。つまり、**狭義の生活安全条例とは、「犯罪被害の防止・減少を実現するため、地方自治体の施策・事業の根拠となる条例」**と定義できる[2]。本章では、この狭義の生活安全条例を対象としている。

財団法人日本都市センターは、昨今の生活安全条例は、「犯罪被害の予防」に比重が移ってきたと指摘している。それは、「生活犯罪等からの安全・安心に関する条例はあまり多くない。しかし、最近では、生活犯罪等の急増を受けて、犯罪からの安全・安心を意識した条例が制定されるようになってきている」[3]と言及している。これは、本章でいう狭義の生活安全条例を示していると思われる。

以上を背景として、本章では、生活安全条例の中でも、「犯罪被害の予防」に特化した生活安全条例の制定状況や概要などを概略的に紹介する。

2　法整備の環境と条例の制定状況

◆根拠法がない法整備の実態

今日、日常生活を脅かす様々な危険因子がある。その危険因子に対応するために、国は「災害対策基本法」をはじめ、「交通安全対策基本法」「武力攻撃事態等における国民の保護のための措置に関する法

Reference

[2]　「犯罪の予防」と「犯罪被害の予防」は、若干ニュアンスが異なるため言及しておきたい。刑事訴訟法第213条には、「現行犯人は、何人でも、逮捕状なくしてこれを逮捕することができる」とあり、自治体職員や住民が犯罪行為そのものを取り締まることができる（「犯罪の予防」である）。しかし、素人が犯罪加害者を取り締まるのは大きなリスクを伴うため、あくまで「犯罪被害の予防」に特化すべきである。地方自治体は、「犯罪被害の予防」という観点から、「防犯」に関する施策や事業を実施しなくてはいけない。この「犯罪被害の予防」という意識を自治体職員や住民などに正確に伝えないといけない。間違って「犯罪の予防」と捉えてしまうことは極めて危険である。

[3]　財団法人日本都市センター（2003）『安全・安心なまちづくりへの政策提言』

律（国民保護法）」「食品安全基本法」などを制定してきた。そして、それらの法律を根拠法として、地方自治体は災害や交通事故、テロや食の問題などに対応するため、政策条例を制定してきた。

現在、**多くの地方自治体が生活安全条例を制定している。この生活安全条例の根拠法を国の法体系から探すと、実は存在していないので**ある。もちろん、間接的には「刑法」が該当すると思われる。また、刑法から派生した「児童虐待の防止等に関する法律」や、「配偶者からの暴力の防止及び被害者の保護に関する法律」なども、少なからず関係してくると考えられる。

しかし、これらの法律は、原則的に警察が執行することを想定しており、地方自治体が主体となって、それらの法律が対象とする犯罪を取り締まるわけではない。脚注2で触れているように、**地方自治体の役割は、あくまでも「犯罪被害の予防」であり、警察が行う「犯罪の予防」ではない。国に根拠法がなく、法的根拠を求めることができないからこそ、地方自治体は自発的に生活安全条例を制定してきた経緯がある**。その意味では、「犯罪被害の予防」に関しては、国よりも地方自治体が率先して取り組んできた経緯がある。

◆生活安全条例の制定状況

生活安全条例のはしりは様々な説がある。その中で有力なのは、1979年に制定された「長岡京市防犯推進に関する条例」といわれている。当時、長岡京市（京都府）において、ワラビ採りをしていた主婦2人が殺害されるという、極めて残忍な「ワラビ採り主婦殺人事件」が発生した。それを受けて、「安全かつ平穏な市民生活」を維持することを目的に、「長岡京市防犯推進に関する条例」が制定された。

その後、多くの地方自治体で生活安全条例が制定されていくことになる。調査機関によって数字は異なるが、平成の大合併以前には、市区町村では、約1,200～1,400の地方自治体が生活安全条例を制定していた（図表14）。

第6章　生活安全条例

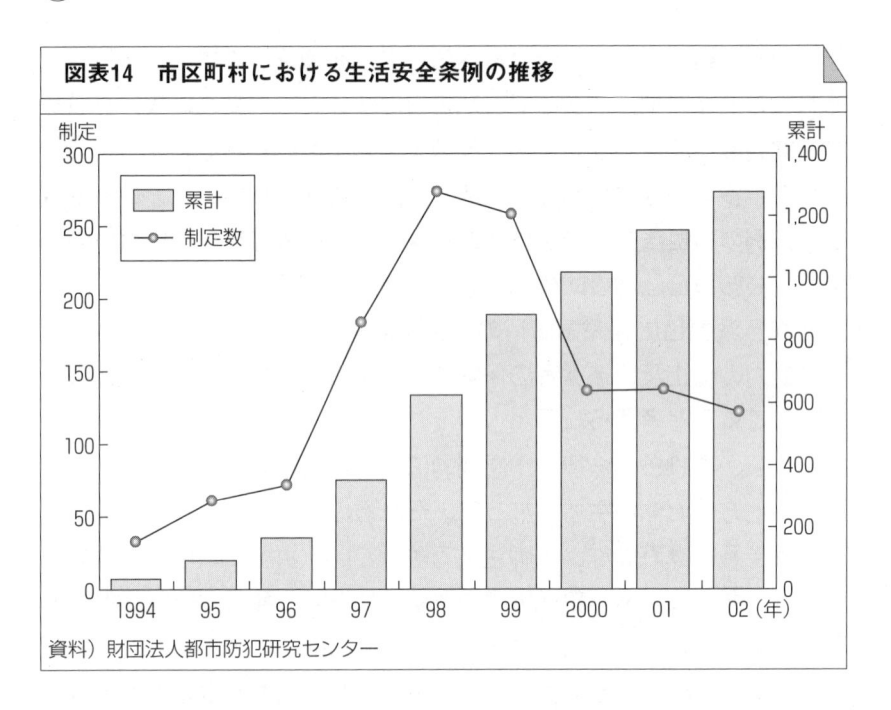

図表14　市区町村における生活安全条例の推移

資料）財団法人都市防犯研究センター

　この図表14を見ると、1998年と1999年に生活安全条例が多く制定されていることが理解できる。この当時に制定された生活安全条例の内容を観察すると、犯罪被害の予防よりも、火事や災害に対応する要素が多く含まれている。すなわち、図表14に示されている生活安全条例は、広義の生活安全条例と指摘できる。

　1990年代後半に、火事や災害に対応する要素が入った生活安全条例が増加した理由は、1995年の阪神・淡路大震災の影響を受けていると推測される。地方自治体は1995年の震災を目の当たりにして、1996年から生活安全条例の制定に向けた検討が始まり、それが結実したのが1998年と1999年と考えることができる（一般的に、地方自治体が政策条例の検討を開始すると、実現するまでに約2年かかる傾向がある）。

　一方で都道府県は、2002年に犯罪被害の予防を目的とした「大阪府安全なまちづくり条例」と「「減らそう犯罪」ひろしま安全なまちづ

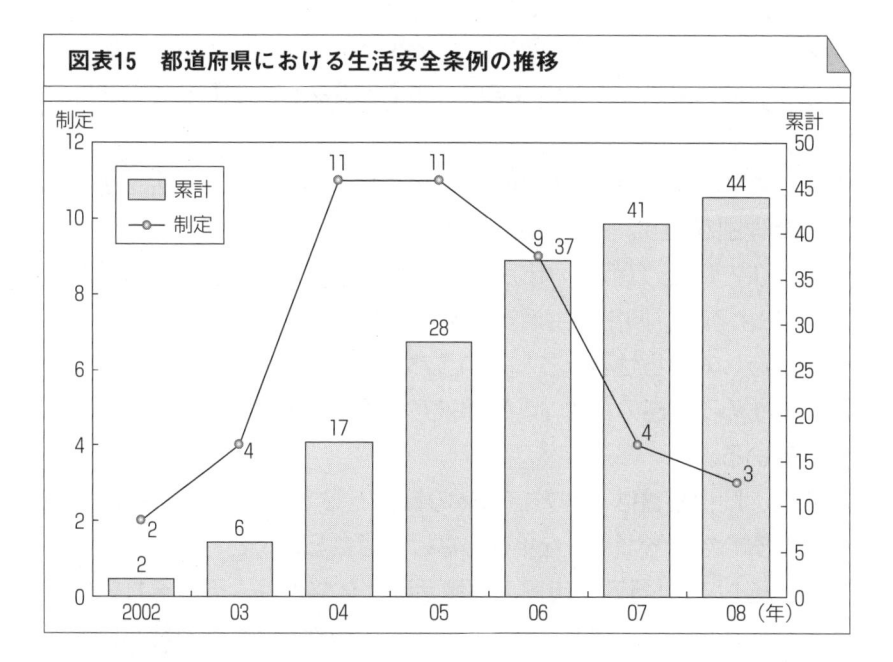

図表15　都道府県における生活安全条例の推移

年	2002	03	04	05	06	07	08
制定	2	4	11	11	9	4	3
累計	2	6	17	28	37	41	44

くり推進条例」が制定されたのを契機として増加しつづけ、2008年には44都道府県で制定されている（図表15）。

　一方、図表15の都道府県の生活安全条例は、犯罪被害の予防に特化しているため、狭義の生活安全条例である（本章で対象としているのは、この狭義の生活安全条例である）。

3　生活安全条例が制定される背景

　わが国の刑法犯認知件数は、2002年をピークに減少している。しかしながら、今日においても、生活安全条例を制定する地方自治体が多い。その**理由は、住民が抱く体感治安が悪い状況にあり、なかなか改善されないから**である。ここでいう体感治安とは、「住民が感覚的に感じとる治安悪化の状況であり、住民の日常生活の中で、どの程度の不安を感じているかを示すもの」と捉えることができる。

　2008年3月30日の読売新聞の記事によれば、「自分や家族が何らかの犯罪に巻き込まれ、被害者になるかもしれないという不安を感じて

いる人は、『大いに』と『多少は』を合わせて70％に上る」とある。このように体感治安が高いうちは、生活安全条例を制定する動きは続くと考えられる。

　ここでは横須賀市（神奈川県）に限定し、同市が生活安全条例を制定した理由を記す。2007年に、（仮称）横須賀市市民安全条例検討委員会がまとめた『（仮称）市民安全条例のあり方について（提言最終案）』によると、同市が生活安全条例を制定する背景として、①「安全で安心して暮らせるまち」という都市イメージの確立、②市民の治安に対する不安感の払拭、③犯罪被害増加の可能性に対する予防、を挙げている。

　また、同提言書は、地方自治体の責務として、「犯罪のない誰もが安全で安心なまちづくりを推進しなければならないこと」を主張している。そして、「行政、市民、地域活動団体などが、それぞれの義務を果たしながら、一体となって犯罪被害の未然防止に取り組むことが求められている」と明記している。

　さらに、同提言書は「こうした取り組みについて、全市民がその意義や重要性を認識し、共に考え、共に行動していくためには、それぞれの役割を明確にするとともに、安全で安心なまちづくりに関する考え方や方策等を盛り込んだ共通の拠り所となる条例を制定する」と記している。この提言書を受けて、横須賀市は2008年に「横須賀市犯罪のない安全で安心なまちづくり条例」を制定している。

4　生活安全条例の概要

◆目的

　図表16は、各生活安全条例から目的規定を抽出したものである。既存の生活安全条例の目的規定を考察すると、「犯罪被害を予防することで、住民の生命、身体や財産を守り、住民にとって安全で安心した生活が営めること」とまとめることができる。

4 生活安全条例の概要

図表16 各生活安全条例の目的規定

条例名	制定年	目的
大阪府安全なまちづくり条例	2002年	この条例は、府の区域において発生が顕著な府民の生命、身体又は財産に危害を与える犯罪の防止に関し、府、事業者及び府民の責務を明らかにするとともに、それぞれの連携及び協力の下に、安全に配慮した道路、公園等の普及その他の安全なまちづくりに関する取組を推進し、及び犯罪による被害の防止のために必要な規制等を行い、もって府民が安全に安心して暮らすことができる社会の実現に資することを目的とする。
茨城県安全なまちづくり条例	2003年	この条例は、本県における犯罪の発生状況にかんがみ、安全なまちづくりに関し、県、事業者及び県民の責務を明らかにし、県と市町村、事業者及び県民との連携及び協力の下に推進する安全なまちづくりに関する施策の基本となる事項等を定めるとともに、犯罪の防止のために必要な規制を定め、もって県民が安心して暮らすことのできる安全な社会の実現に寄与することを目的とする。
戸田市みんなでつくる犯罪のないまち条例	2003年	この条例は、戸田市の市域における個人の生命、身体又は財産に危害を及ぼす犯罪の防止に関し、市並びに市民、事業者及び土地建物所有者等（以下「市民等」という。）の責務を明らかにするとともに、市民等及び団体の連携、協力の下に、犯罪のないまちづくりを推進し、もって安全で安心して暮らすことができる地域社会の実現を図ることを目的とする。
市川市防犯まちづくりの推進に関する条例	2005年	この条例は、市民に不安を与える身近な場所での犯罪を防止するため、市、市民、自治会その他の地域的な共同活動を行う団体及び事業者の役割を明らかにするとともに、防犯まちづくりに関する施策の基本となる事項を定め、当該施策の実施を推進することにより、市民が安全で安心して暮らすことができるまちの実現に寄与することを目的とする。
横須賀市犯罪のない安全で安心なまちづくり条例	2008年	この条例は、本市における犯罪の防止に関し、市、市民、事業者及び地域活動団体の役割を明らかにするとともに、防犯に関する施策の基本となる事項を定め、もって犯罪のない安全で安心なまちづくりに寄与することを目的とする。

◆施策展開

　市町村の生活安全条例は総則的規定が中心であるのに対し、都道府県の政策条例は実体的規定が多く書き込まれる傾向がある。その理由は、市町村と都道府県の事務権限の違いによることに由来していると考えられる。図表17は、都道府県と市町村の事務権限の違いを示した概略図である。

　図表17から理解できるように、都道府県と比較して市町村が行える事務の範囲は限られている。特に、社会基盤整備などの維持管理は都道府県が担当している。そのような理由から、道路・公園・駐車場などの防犯や学校、通学路などの児童安全、違法駐車対策、要援護者への配慮、住宅の防犯性向上などは、都道府県の生活安全条例の中に規定として設けることで対応している。

　なお、社会基盤整備などの中には、市町村の権限で対応できる場合

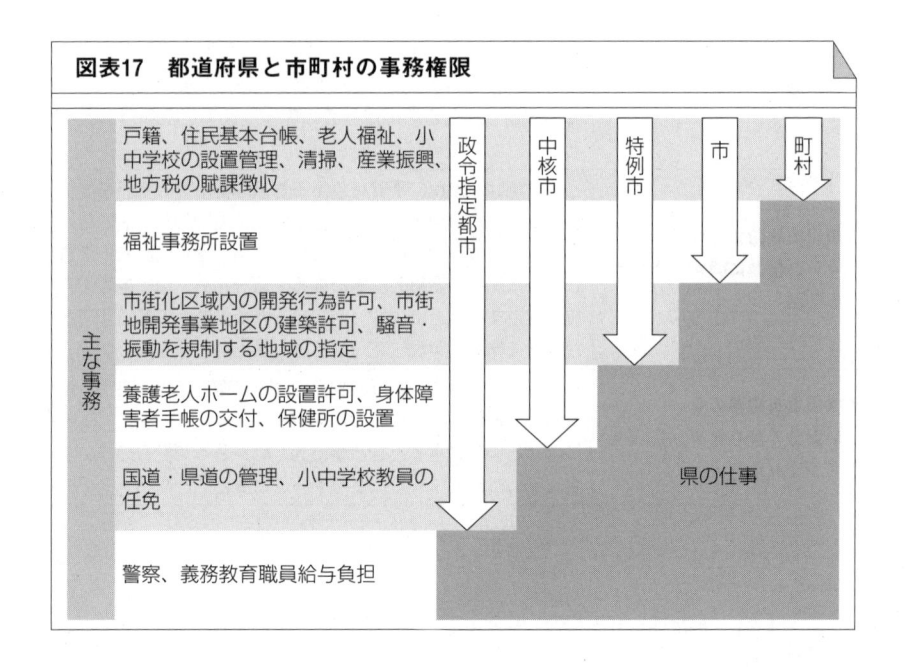

図表17　都道府県と市町村の事務権限

主な事務	政令指定都市	中核市	特例市	市	町村
戸籍、住民基本台帳、老人福祉、小中学校の設置管理、清掃、産業振興、地方税の賦課徴収					
福祉事務所設置					県の仕事
市街化区域内の開発行為許可、市街地開発事業地区の建築許可、騒音・振動を規制する地域の指定					
養護老人ホームの設置許可、身体障害者手帳の交付、保健所の設置					
国道・県道の管理、小中学校教員の任免					
警察、義務教育職員給与負担					

もある。しかし、既に都道府県が生活安全条例で規定しているため、同じような規定を市町村も設定することは二重行政に陥る可能性があり、市町村はあえて外していることも考えられる。

◆都道府県と市町村の役割分担

2006年3月に、筆者は都道府県を対象にして、生活安全条例の制定状況を問うアンケート調査を行った。同アンケート調査は、生活安全条例の有無、条例の提案者、条例の内容とその効果などについて明らかにし、広く行政一般の基礎資料とすることを目的としている。

そのアンケート調査において、都道府県と市町村の関係を尋ねた。これに対する回答は、「地方分権法によって県と市町村とは対等の立場にあり、県条例と市町村条例間に上下関係はないことから、内容的に整合性が保たれていれば問題はないとして整理している」や、「県条例は、県域全体で取り組まれるべき最小限の事項を定めたものなので、市町村条例で、地域の実情に即して、条例に加えて更に積極的な取り組みを規定することは差し支えないと考えている」という記述があった。

◆実効性確保

実効性を確保するため、罰則規定を設けることが多い。例えば、「茨城県安全なまちづくり条例」には、正当な理由がなく、ピッキングや解錠用具などを保持すると、10万円以下の罰金に処される。また、「大阪府安全なまちづくり条例」や「福井県安全で安心なまちづくりの推進に関する条例」にも罰則規定が明記されている。

◆条例の効果

条例の効果について言及する。2004年1月15日の新聞記事によれば、「大阪府安全なまちづくり条例」の効果は、同府における2003年の街頭犯罪の認知件数はひったくりや路上強盗、自動車盗、自販機荒

らしなど、8種で前年比8.3%減の16万3,343件となったと報道されている。

筆者が実施したアンケート調査では、生活安全条例の効果を、記述により定性的な回答を求めている。そこには、「2005年刑法犯認知件数が、8年ぶりに減少した。自主防犯グループ数が、2004年4月末が515であったが、2005年12月末には2,041となり、約4倍となった」とか、「条例施行後、3年間で犯罪件数は、－13,433件となり、3年間の減少率は41.7%と大きな成果を得ている」などの回答があった。**多くの都道府県は生活安全条例が刑法犯認知件数を減少させる一つの要因と捉えており、同条例の効果を評価している**[4]。

また、筆者が実施したヒアリング調査によれば、**生活安全条例を活用することにより、地域コミュニティが再生される**ことも指摘された。多くの地域で自主防犯活動が活発化し、テーマ型のコミュニティが活発化している。また、従来からのエリア型コミュニティも防犯活動を推進することで、テーマ型とエリア型のコミュニティの融合が進みつつある地域もある。その結果、衰退しつつあった既存の地域コミュニティが再生されている地域もみられる[5]。

5　特徴的な生活安全条例

◆子どもを犯罪の被害から守る条例（奈良県）

奈良県の生活安全条例は、子どもの犯罪被害に特化している。この

Reference

[4]　詳細は、次の文献を参照されたい。
　　牧瀬稔（2006）「生活安全条例と自治体の取組み①②」『自治実務セミナー（45巻7号～8号）』第一法規
　　牧瀬稔（2008）『議員が提案政策条例のポイント～政策立案の手法を学ぶ』東京法令出版
[5]　詳細は、次の文献を参照されたい。
　　牧瀬稔（2007）「団塊の世代による安全安心活動の活性化」『団塊世代の地域参画―コミュニティの再生を目指して―』財団法人日本都市センター

条例は、「子どもの生命又は身体に危害を及ぼす犯罪の被害を未然に防止するため、県、県民及び事業者の責務を明らかにするとともに、必要な施策及び規制する行為を定め、もって子どもの安全を確保すること」（第1条）を目的としている。また、同条例における子どもとは、13歳に満たない者と定義されている。

なお、奈良県は法的根拠に基づき補導活動ができる全国初の「奈良県少年補導に関する条例」も制定している。同条例により、未成年者の深夜徘徊や喫煙を「不良行為」としており、不良行為をした少年を一時保護したり、所持品を任意提出させたりする権限を新たに設けた。同条例は、国が目指す少年非行防止法制化を先取りした内容となっている。

◆ちゅらうちなー安全なまちづくり条例

沖縄県の「ちゅらうちなー安全なまちづくり条例」も、ある意味、特徴的な生活安全条例である。同条例は、「個人の生命、身体又は財産に危害を及ぼす犯罪の防止に関し、県、県民及び事業者の責務を明らかにするとともに、それぞれの連携及び協力の下に、犯罪防止に配慮した道路、公園、住宅等の普及、犯罪の被害者等の支援その他の安全なまちづくりに関する取組を推進し、もって県民、観光客等すべての人々が安全で安心して暮らし、又は滞在することができる社会の実現を図ること」（第1条）を目的としている。

沖縄県は観光立県であるため、同条例には、観光客に対する安全対策が規定されている。この点は特徴的な内容である。例えば、「観光客の安全確保に関する広報啓発」（第23条）であり、「観光客の安全確保に関する措置」（第24条）である。

なお、この条例における「ちゅら」とは「美しい」という沖縄の言葉であり、「うちなー」とは「沖縄」を意味している。

6 おわりに

　一般的に「安全・安心」というテーマは、様々な主体者にとって合意形成しやすい。すなわち、「犯罪被害を予防する活動をしましょう」という掛け声に対し、あからさまに反対する人はいない。むしろ、多くの人が安全・安心を目指して地域づくりに参加していく一つの契機となる。その意味では、**この「安全・安心」をうまく活用することにより、地域コミュニティの再生につながる可能性はある。**

　また、地方自治体が実施している住民意識調査をみると、「犯罪のないまち」や「犯罪の許さないまち」を求める声が圧倒的に多い。例えば、ある県では「県民の生活と県政について意識調査」における生活重視度として「犯罪や交通事故がなく安心して暮らせること」が93.7％で第1位となっている。

　改めて指摘する必要もないが、地方自治法第1条の2に「地方公共団体は、住民の福祉の増進を図ることを基本として、地域における行政を自主的かつ総合的に実施する役割を広く担うものとする」とある。この「住民の福祉を増進」するために、地方自治体は積極的に生活安全行政を展開していかなくてはいけないだろう。そして、その法的根拠が生活安全条例と考える。

第7章　住民投票条例

1　はじめに

　筆者にとって、「住民投票条例は遠いもの……」と思っていた。しかし、意外に身近にあった。筆者の思いは、「平成に入り、住民投票条例は近くになりにけり」という感じである。

　筆者は相模原市に住んでいる。その相模原市は、政令指定都市への移行を目指している。政令指定都市移行の是非を問う住民投票条例案が、住民から直接請求された。しかし、この住民投票条例案は、議会において13対38の賛成少数で否決された。この一連の出来事を、連日、神奈川新聞の地域面で報道されていたために、住民投票条例を考えるいい機会となった。

　この**住民投票とは、地方自治体（ある特定の地域）において、住民のうち一定の資格を持つ人の投票により、立法、公職の罷免などの意思決定を行う手法**である。そして、**住民投票条例は地方自治体の重要な問題について、住民による直接投票を行うことを定めている**。

　当初の住民投票条例は、特定の問題に対する特別措置として住民投票条例を制定する場合が多かった。しかし近年では、地方自治体の重大問題に対して恒常的に住民投票を行えるよう、条例を制定する地方自治体が現れている。

　以上を背景として、本章では、この住民投票条例の制定状況や概要などを概略的に紹介する。なお、本章では憲法第95条に規定されている住民投票制度を対象としているのではない[1]。あくまでも、地方自治体が条例で規定する住民投票制度である。本章で対象としているのは、地方自治体の「住民投票『条例』」である。

2　住民投票条例の経緯と背景

◆住民投票条例の経緯

　住民の意思が自治体政策に反映する条例には、かつて「中野区教育委員会準公選条例」（1978年）や「窪川町原子力発電所設置についての町民投票に関する条例」（1982年）があった[2]。しかし、住民投票条例の存在が全国的に知れわたったのは、1996年に巻町（現新潟市）が制定した「巻町における原子力発電所建設についての町民投票に関する条例」（以下、「巻町条例」とする）である。

　この巻町条例より以前に、住民投票条例を制定した地方自治体はいくつかあった。しかし、実際に住民投票条例が機能し実行されたのは、巻町が初めてであった。そのため、全国的に耳目を集めることになった。

　巻町条例は、巻町での原子力発電所建設の是非を問うものであり、投票率88.3%に対し、賛成が38.6%であり、反対が60.9%という結果であった。この反対60.9%は、全有権者の中でも過半数の53.7%に相当する。この住民投票の結果を受けて、笹口孝明・巻町町長（当時）は、原子力発電所の候補地となっていた町有地の売却を取りやめた。その結果、原子力発電所の建設は難しくなった（その後、紆余曲折があり、2003年12月に東北電力株式会社が原子力発電所建設の計画を事実上断念した）。

Reference

[1]　憲法第95条は「特定の地方自治体のみに適用される特別法の制定のためには、その地方自治体における住民投票により、過半数の賛成を得なければならない」ことを規定している。過去、横須賀市・呉市・佐世保市・舞鶴市の4市に適用された旧軍港都市転換法が、憲法第95条の特別法に当たるとして、住民投票が行われたことがある。
　　さらに、法律に規定されている住民投票制度は、直接請求に伴う住民投票（地方自治法第76条、第80条、第81条）、合併協議会の設置に係る投票（市町村の合併の特例等に関する法律第4条）がある。本章では、これらの住民投票は対象としていない。

[2]　高知県窪川町は市町村合併を経て、四万十町となっている。

◆住民投票条例の背景

今日、地方分権が進む中で、市民参加や協働のまちづくりといった潮流により、住民自治の意識が高まりつつある。その住民自治の一手段(一つのチャンネル)として、住民投票条例を求める動きが活発化している。また、地方自治体にとっても、住民の自治体政策への参加の一つの形態として、その地方自治体に関わる重要な事項について、住民の意思を尊重しようとする機運が高まりつつある。

かつての住民投票は、原子力発電所、産業廃棄物処理場、在日米軍基地といったNIMBY施設(8頁の脚注参照)設置の是非を問うものが多かった。しかし、最近では平成の大合併の影響により、合併の是非を問う住民投票が数多く実施されてきた。そして、**今日では地方自治体の重要な課題について、住民投票に関する条例を制定し、実施された住民投票の結果に基づいて政策決定がなされる事例が増えてきている**。住民投票条例は、新しい段階に入りつつあると指摘できる。

3 住民投票条例の類型

住民投票条例は、様々な視点から類型することができる。大きく「決定型か非決定型か」と「常設型か非常設型か」という視点から、類型化を図ることができる。以下では、それぞれについて簡単に紹介する。

◆決定型か非決定型か

まずは、決定型(拘束型)である。この決定型とは、住民投票の結果に拘束力があり、首長や議会の判断が住民投票の結果に拘束される条例である。しかし、この決定型の住民投票条例は「違法」という見解がある。

もし、住民投票条例で、住民投票の結果が首長などを拘束するとした場合、首長や議会以外の住民(有権者)に権限を配分するというこ

とになる。このことは、地方自治法は想定していない。あるいは、地方自治法に規定された首長や議会の権限を制限することになる。

　また、地方議会は住民の代表機関であるため、自治体政策に対し住民が意見や提案を提出して参加する住民参加は議会軽視になり、憲法や地方自治法における議会制度に抵触するという意見もある。その他、様々な理由から、「決定型」は法律に基づかなければ不可能とするのが通説とされている[3]。そのため、わが国の住民投票条例は「非決定型」であり、住民投票の結果に対する首長や議会の尊重義務の規定が設けられている。

　次に、非決定型（諮問型）を説明する。この非決定型とは、住民投票の結果に拘束力がなく、首長や議会は、投票結果に対する「尊重義務」だけが生じるものである。そのため、住民投票後に首長や議会が投票結果と異なる政策決定を行い、問題になる事例もある。そして、この場合は地方自治法上のリコール（解職請求、解散請求）に発展することも少なくない。

◆常設型か非常設型か

　常設型とは、住民投票の対象や発議に必要な署名数などについて、あらかじめ制度化（条例化）されており、当該条例が定める要件を満たした場合に、住民投票が実施できる形態である。川崎市の調査によると、全国で17の常設型の住民投票制度が条例で施行されている（2006年5月31日現在で把握されているもの。なお、市町村合併などにより、すでに失効した常設型の住民投票条例が全国で10以上ある）[4]。ちなみに、常設型住民投票条例の最初の事例は、高浜市（愛

Reference

[3]　川崎市住民投票制度検討委員会（2006）『住民投票制度の創設に向けた検討報告書』
　　　法的拘束力のある住民投票制度の導入は、憲法や地方自治法上の権限に抵触する可能性がある。そこで、川崎市において実際に条例化された住民投票制度は、法的拘束力を持たない諮問型の住民投票となっている。
[4]　川崎市住民投票制度検討委員会（2006）『住民投票制度の創設に向けた検討報告書』

知県）の「高浜市住民投票条例」（2002年）である。
　一方で非常設型（個別設置型）とは、住民の意思を確認する必要が生じた場合に、首長や議員（地方自治法112条第2項により、定数の1／12以上）の提案や住民の直接請求（地方自治法第74条第1項により、有権者の1／50以上）により、その都度、議会の議決を得て制定される条例である。なお、初めての非常設型は、「窪川町原子力発電所設置についての町民投票に関する条例」（1982年）であり、その後、多くの非常設型住民投票条例が制定されている。

4　住民投票条例の概要

◆目的

　常設型や非常設型にかかわらず、**住民投票条例は、自治体政策の重要案件**について、**住民の総意を的確に反映し、公正で民主的な自治体政策を実施し、住民の福祉の向上を図ることが目的**となっている（図表18）。
　そして住民投票の結果は、住民投票条例の中に「投票結果の尊重」という規定があり、「市民、市議会及び市長は、住民投票の結果を尊重しなければならない」という条文でほぼ共通している。一般的に尊重とは、「重んじる。値あるもの、尊いものとして大切に扱うこと」という意味がある。この2文字からも、住民投票の結果には拘束されないということがうかがえる。

◆住民投票資格

　住民投票条例による住民投票資格は、公職選挙法の適用を受けない。そのため、公職選挙法[5]上の有権者以外の者に投票資格を与え

Reference
[5]　公職選挙法は、国会議員、地方自治体の首長・議会の議員に関する定数や選挙運動などの選挙制度に関して規定する法律である。

図表18　各住民投票条例における目的規定

条例名	制定年	目的	類型
御嵩町における産業廃棄物処理施設の設置についての住民投票に関する条例	1997年	この条例は、御嵩町小和沢地区に計画されている産業廃棄物処理施設（以下「産廃施設」という。）の設置について、町民の賛否の意思を明らかにし、もって町行政の民主的かつ健全な運営を図ることを目的とする。	非常設型
高浜市住民投票条例	2000年（2002年に全部改正）	この条例は、地方自治の本旨に基づき、市政運営上の重要事項に係る意思決定について、市民による直接投票（以下「住民投票」という。）の制度を設けることにより、これによって示された市民の総意を市政に的確に反映し、もって公正で民主的な市政の運営及び市民の福祉の向上を図るとともに、市民と行政の協働によるまちづくりを推進することを目的とする。	常設型
奈井江町合併問題に関する住民投票条例	2003年	この条例は、奈井江町の合併問題について、民意に基づく選択をするために町民の意思を確認することを目的とする。	非常設型
桐生市住民投票条例	2003年	この条例は、地方自治の本旨に基づき、市政運営上の重要事項について、市民の意思を問う住民投票の制度を設け、これによって示された市民の意思を市政に的確に反映し、もって市民の福祉の向上を図るとともに、市民と行政の協働によるまちづくりを推進することを目的とする。	常設型
大竹市住民投票条例	2003年	この条例は、市政運営上の重要事項について、市民の意思が市政に反映されるよう広く市民の総意を把握することにより、市民の市政への参画機会の拡充を図り、もって豊かで住みよいまちづくりを推進することを目的とする。	常設型

ることも可能である。例えば、永住外国人に投票権を与えたり、未成年者の一部などに住民投票資格を与えたりすることも可能である。

◆住民投票の対象事項

「高浜市住民投票条例」では、住民投票の対象事項は「市政運営上の重要事項」となっている。この市政運営上の重要事項とは、「市が

行う事務のうち、市民に直接その賛否を問う必要があると認められる事案であって、市及び市民全体に直接の利害関係を有するものをいう」と記している。

しかし、「高浜市住民投票条例」は、①市の権限に属さない事項、②議会の解散その他法令の規定に基づき住民投票ができる事項、③もっぱら特定の市民又は地域にのみ関係する事項、④市の組織、人事及び財務に関する事項、⑤住民投票に付することが適当でないと明らかに認められる事項については、住民投票の対象事項から除外する、としている。

一方で、大和市（神奈川県）の「大和市住民投票条例」でも、「市政に係る重要事項」について住民投票を実施すると規定している。この市政に係る重要事項とは、「市全体に重大な影響を及ぼす事案であって、住民に直接その意思を問う必要があると認められるものとする。何がこれに該当するかは個々の事案ごとに判断する」と明記している。

「高浜市住民投票条例」は、住民投票の対象外事項を定めているが、「大和市住民投票条例」にはそれがない。このことについて、「結果に法的拘束力のない諮問型の住民投票においては、対象事項を限定する必要はないと考え、住民投票の対象から除外する事項は定めていない」と記している。

◆住民投票の形式

投票の選択肢の形式には、二者択一、三者択一、四者択一など様々な形式が考えられる。その中で、多くの住民投票条例は基本的に二者択一で賛否を問う方法を採用している。

しかし、岸和田市（大阪府）の「岸和田市住民投票条例」には「住民投票に付する事案は、二者択一で賛否を問う形式とする。ただし、市長が必要と認めたときは、事案により、複数の選択肢から一つを選択する形式によることができる」（第5条）としており、市長が特に

認める場合に、二者択一以外の選択肢の設定も可能としている。

◆住民投票の成立要件

多くの地方自治体では、住民投票資格者の総数の2分の1以上との規定を設けている。ただし、富士見市（埼玉県）の「富士見市市民投票条例」では「市民投票は、1の事案について投票した者の総数が当該市民投票の投票資格者数の3分の1に満たないときは、成立しないものとする。この場合においては、開票作業その他の作業は行わない」（第20条）と規定している。

また、我孫子市（千葉県）は、絶対得票率（投票資格者総数のうち、投票結果の過半数を占めた意思の割合）で成立要件を規定している。過半数を占めた意思が、投票資格者総数の3分の1以上に達したときに成立するとしている。そして3分の1に達しなかったときは、参考結果となる[6]。

5　特徴的な住民投票条例

◆奈井江町合併問題に関する住民投票条例

2003年に制定した奈井江町（北海道）の「奈井江町合併問題に関する住民投票条例」には、「町長は、前条までに規定する住民投票とは別に、子どもの権利に関する条例の趣旨に則り、昭和60年4月2日から平成5年4月1日までの間に生まれた者を対象に、合併問題に関する意向を確認する投票を行うことができる」（第17条）との規定がある。そのため、当時としては10歳以上が対象となっていた。

住民投票権の年齢を低くする住民投票条例は少なくない。例えば、

Reference

[6] 我孫子市のホームページによると、成立要件に「住民投票資格者の総数の1／2以上」を採用しなかった理由として、「投票をした市民に対する責任からも、情報公開の観点からも、開票結果を公表する必要があるということ。我孫子市の場合、投票率49％では約54,400票となる。この票を無駄にして良いはずがない」などと明記されている。

与那国町（沖縄県）が中学生以上とし、三瀬村（佐賀県）が中学3年生を含む15歳以上としている。また牟礼町（香川県）と輝北町（鹿児島県）などが中学3年生を除く15歳以上に投票資格を認めている（なお、三瀬村、牟礼町、輝北町は合併している）。

◆高浜市住民投票条例

「高浜市住民投票条例」は、第8条に「年齢満18年以上の永住外国人で、引き続き3月以上高浜市に住所を有するもの」とあり、住民投票権を高浜市に3か月以上居住する18歳以上の永住外国人にも与えている。当時としては画期的な条例であった。

なお、2005年2月に在日本大韓民国民団が実施した「永住外国人に対する住民投票権付与現況」によれば、177地方自治体で永住外国人に対して住民投票権が付与されている（そのうち、合併に伴う住民投票条例が164地方自治体である）。

また、地方自治体が永住外国人に付与する住民投票資格の条件として、「引き続き3か月以上住所を有する永住外国人」が170地方自治体と最も多く、次いで「引き続き3か月以上住所を有する全外国人」と「引き続き3か月以上住所を有する永住外国人及び日本人の配偶者を持つ外国人」が2地方自治体となっている。

そして、「投票日において住所を有する永住外国人及び日本人の配偶者を持つ外国人」「投票日の1年以上前から引き続き住所を有する外国人」「市内に住所を有する外国人（永住者・定住者等）」がそれぞれ1地方自治体となっている。

6　おわりに

冒頭で「住民投票条例は、新しい段階に入りつつあると指摘できる」と指摘した。これからの住民投票資格は、もっとバラエティに富んでもよいと思われる。例えば、昨今では、住民投票資格の低年齢化が進んでいる。しかし、逆の発想で考えれば、その住民投票資格を引

き上げることがあってもよいだろう。問題提起として、筆者の考えは「25歳以上」である。この25歳以上の根拠は、公職選挙法における衆議院議員や都道府県議会議員などの被選挙権に合わせている。

　また、事業者に住民投票資格を付与してもよいだろう。地方自治体を構成するのは「人」（自然人）だけではない。事業活動を営む法人も、地方自治体を構成する重要な一員である。事業者も税金を納めている。それならば、事業者に住民投票資格を与えてもよいだろう。住民投票条例による住民投票権は、公職選挙法の適用を受けない。地方自治体が独自に条例により設定してよい。その意味でも、法人への住民投票資格を与えることも可能と考えられ、一つの試みとしてよいのではなかろうか。

第8章 住民参加条例

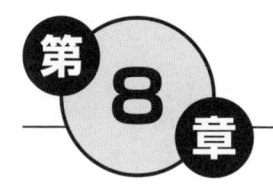

1 はじめに

　地方自治体の政策に住民[1]が参加するという現象（つまりは「住民参加」）は、いつの時代から起こったのであろうか。政治学や行政学などの各種文献を調べると、一つの視点として、1970年代から「住民参加」（市民参加）という言葉が相次いで登場していることが分かる。このことから、「住民参加」が、わが国において認識されたのは1970年代と捉えることができる[2]。

　また、篠原一・東京大学名誉教授は、1977年に著した『市民参加』の中で、「市民参加という対象がまさに現在進行形の現象であることによる。（中略）その歴史的展開がはじまったばかりの現象を評価するという仕事はきわめてむずかしい」と残している[3]。このことか

Reference

[1]　本章と次章（協働推進条例）では、原則「住民」という表記で進める。前後の文章の脈絡から、「市民」や「町民」などの表記も使用する。

[2]　国立国会図書館の簡易検索機能を使って、いつから図書に「市民参加」（住民参加）が使われたかを調べると、1970年に財団法人日本都市センターから発行された『諸外国の地方行政』にたどり着く。この住民参加（市民参加）という現象は、1970年代以前からあったと推測されるが、それが広く認識されはじめたのが1970年代からと考えられる。
　　そして、1970年代後半には、「いかに自治体政策の現場に住民の意向を入れていくか」という調査研究も開始されている。例えば、株式会社社会工学研究所は、総合研究開発機構から研究助成を得て、「ビデオ機器による市民参加方式（VSCP）の開発に関する研究」を実施している。同研究は、新しい情報機器であるVTRの機能に注目し、これを使った住民参加方式のあり方を海外の事例なども参考にして設計している。

[3]　篠原一（1977）『市民参加』岩波書店。篠原氏は、同著において、市民参加の前段階として、市民運動ないし住民運動があったと指摘している。そして、市民運動を①抵抗的抵抗運動、②参加的抵抗運動、③参加的運動、④交渉的運動、の4つに類型化している。

らも、「住民参加」は1970年代に登場し、当時に広く浸透しつつある現象と考えることができる。

　1970年代は、国民（住民）の意識が変化した時代でもある。図表19は、国民に対し、今後の生活において「心の豊かさ」と「物の豊かさ」のどちらを求めるか、二者択一で尋ねた割合の推移である。

　1978年までは、「物の豊かさ」の方が「心の豊かさ」よりもポイントが高かった。しかし、1979年から、「物の豊かさ」より「心の豊かさ」が多くなっている。

　一般的には、生活の逼迫した条件下では、住民参加は実現されないと考えられる。日々の生活に一生懸命な状態の場合は、住民参加など余裕はないと推測される。一方で、ある程度の生活水準が確保されれば、住民参加が進展する可能性が高まる。この点について、松下圭一・法政大学名誉教授は、住民参加が進む背景として、経済復興による国民レベルでの余暇と教養の高まりにあると指摘している。特に余

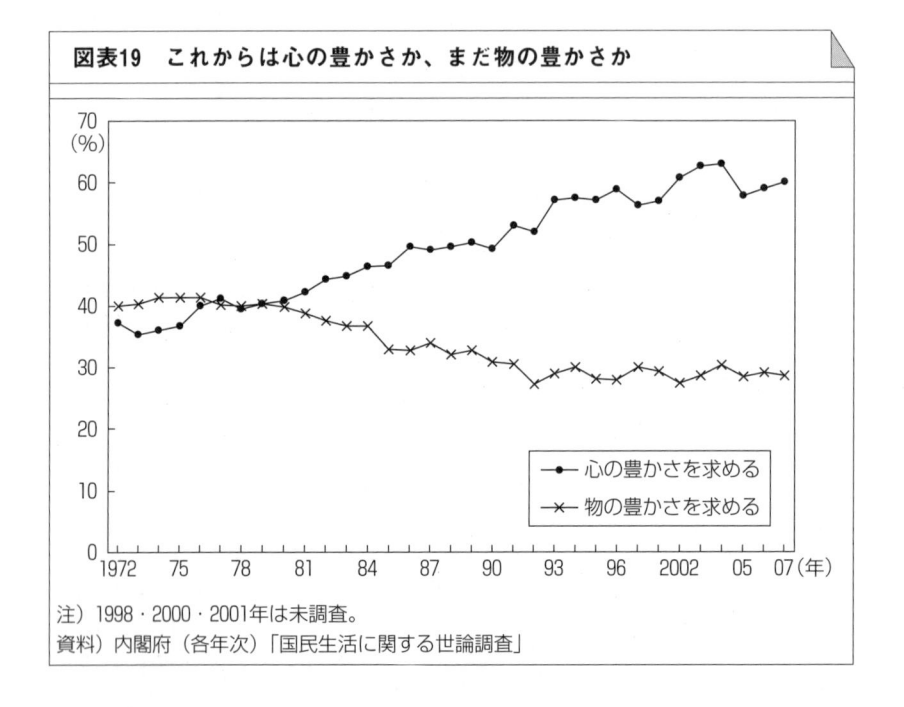

図表19　これからは心の豊かさか、まだ物の豊かさか

注）1998・2000・2001年は未調査。
資料）内閣府（各年次）「国民生活に関する世論調査」

暇は、住民参加のチャンスを保障することになると言及している[4]。

1970年代は高度経済成長期を終え、住民生活が確立された時期に当たる。そのような理由から、1970年代に自治体政策における住民の参加が浸透してきたと捉えることができる。その意味では、住民参加の歴史は長く、約40年もあるのである。

しかしながら、この**自治体政策への住民参加が制度化されたのは、最近の出来事である**。ようやく近年になり、地方自治体が「**住民参加条例**」を制定し、**自治体政策における住民参加の制度化を図りつつある**。

今日、地方分権が進む中で、住民自治を実現する手段として、住民参加や協働のまちづくりが登場しつつある。今日では、住民参加・協働の動向が活発化し、住民の意識も高まりつつある。その**住民自治を制度化する試みが住民参加条例と考えられる**。以上を背景にして、本章では、住民参加条例の類型や概要などを概略的に紹介する。

2　住民参加を計るモノサシ～「参加の梯子」

住民参加の概念については、アメリカの社会学者のシェリー・アーンスタインが、「参加の梯子」という表現で説明している。住民参加条例を検討する前に、この参加の梯子の概念を紹介しておきたい。

参加の梯子は8段からなる。梯子の最下段は「世論操作」の段階と位置づけられている。ここは、「住民参加」の名を借りた権力者による支配と統制の状態を示している。その1段上にある住民の「不満をそらす操作」とともに、実質的には住民参加の不在という状態を意味している。

そして中位には、「一方的な情報提供」と「形式的な意見聴取」などがある。この段階は、形式だけの住民参加を意味している。そして

Reference

[4]　松下圭一（1971）『現代に生きる（6）市民参加』東洋経済新報社

図表20　参加の梯子

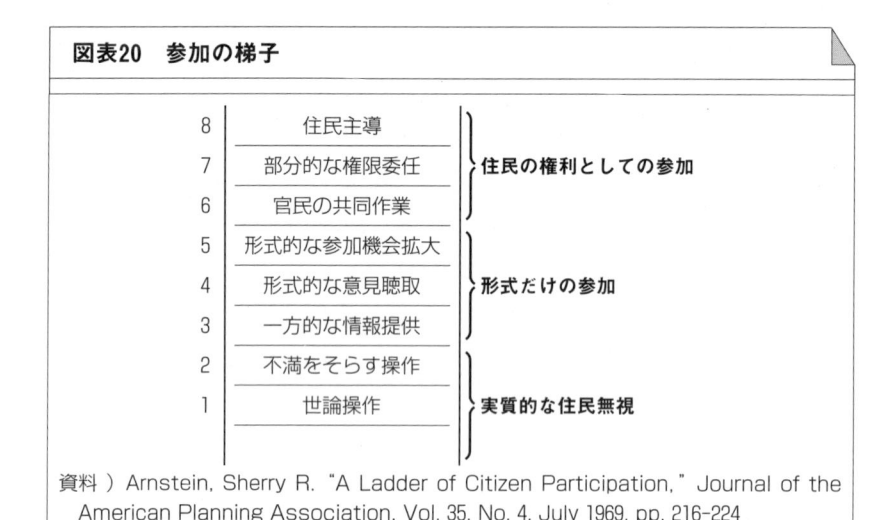

8	住民主導	
7	部分的な権限委任	住民の権利としての参加
6	官民の共同作業	
5	形式的な参加機会拡大	
4	形式的な意見聴取	形式だけの参加
3	一方的な情報提供	
2	不満をそらす操作	実質的な住民無視
1	世論操作	

資料）Arnstein, Sherry R. "A Ladder of Citizen Participation," Journal of the American Planning Association, Vol. 35, No. 4, July 1969, pp. 216-224

6段目の「官民の共同作業」から「部分的な権限委任」へとつづく段階で、ようやく住民の権利としての参加が認められる。

最上段の「住民主導」は、住民が主体となってまちづくりなどを主導する段階としている。**アーンスタインは住民参加について、「住民に対して目標を達成できる権力を与えること」と定義している。**

アメリカでは、住民の自治体政策への参加が、まちづくりのシステムとして定着している。まちづくりの計画の初期段階から住民を参加させ、代替案の提案や監視の権限を与えることが定着している。

本章で議論している住民参加条例は、「住民に対して目標を達成できる権力を与えること」を法的根拠として確保しようという試みである。

3　住民参加条例の類型

住民参加条例は、大きく、①理念型、②総合型、③特定手続型、に類型される[5]。以下では、それぞれについて説明していく。

Reference

[5] 兼子仁・北村喜宣・出石稔（2008）『政策法務事典』ぎょうせい

① 理念型

　自治体政策の通則的事項（一般的な決まり）として、住民参加制度だけに特化した条例である。また、理念規定を中心にして、住民参加の一般的かつ総合的な規定を定めた条例である。例えば、箕面市（大阪府）の「箕面市市民参加条例」は、住民参加の基本理念と各主体の責務規定を置き、具体的な住民参加手法として審議会など附属機関の公募制や市民投票制度を記している。

② 総合型

　理念規定だけではなく、住民参加の具体的手法を定める条例である。例えば、石狩市（北海道）の「石狩市行政活動への市民参加の推進に関する条例」は、基本的な政策や制度を定める計画と条例など一定の自治体政策に対して、行政手続として住民参加手法を規定した条例である。

③ 特定手続型

　パブリック・コメント条例や住民投票条例などのように、住民参加手法を個別に制定する条例である。例えば、横須賀市（神奈川県）の「横須賀市市民パブリック・コメント手続条例」や高浜市（愛知県）の「高浜市住民投票条例」などが該当する。

　昨今では、上記の3類型に加え、地方自治体における憲法という位置づけの「自治基本条例」の中の一規定として、住民参加を設定している形態も増えつつある。地方自治体の行政運営やまちづくりなどの基本理念を示した条例（自治基本条例やまちづくり基本条例と称される）の一規定として、住民参加を担保している。

　例えば、自治基本条例であるニセコ町（北海道）の「ニセコ町まちづくり基本条例」は、第5条に「町は、町の仕事の企画立案、実施及び評価のそれぞれの過程において、町民の参加を保障する」とあり、

「参加原則」をうたっている。そして、同条例の中に、様々な住民参加のチャンネルが明記されている。

4 住民参加条例の概要

◆目的

この住民参加条例は、住民の自治体政策への参加を保障し推進することで、地域社会の発展を図り、住民自治の進展に資することが目的となっている。図表21は、それぞれの住民参加条例の目的規定を示し

図表21　各住民参加条例における目的規定

条例名	制定年	目的	類型
箕面市市民参加条例	1997年	この条例は、まちづくりにおける市民参加の基本的な事項を定めることにより、市と市民が協働し、地域社会の発展を図ることを目的とする。	理念型
ニセコ町まちづくり基本条例	2000年	この条例は、ニセコ町のまちづくりに関する基本的な事項を定めるとともに、まちづくりにおけるわたしたち町民の権利と責任を明らかにし、自治の実現を図ることを目的とする。	自治基本条例型
石狩市行政活動への市民参加の推進に関する条例	2001年	この条例は、地域の独自性に根ざした自主的かつ総合的なまちづくりを進めることが今後の本市にとって極めて重要であるという認識に基づき、行政活動への市民参加を推進するために必要な事項を定めることにより、自治の主体である市民が持つ知識、経験、感性等をまちづくりに活かし、もって市民と市がより良いまちの姿をともに考え、その実現に向けて協働するような地域社会の形成に寄与することを目的とする。	総合型
横須賀市市民パブリック・コメント手続条例	2001年	この条例は、パブリック・コメント手続に関して必要な事項を定めることにより、市の市民への説明責任を果たすとともに、市民の市政への参画の促進を図り、もって公正で民主的な一層開かれた市政の推進に寄与することを目的とする。	特定手続型
大和市市民参加推進条例	2007年	この条例は、大和市自治基本条例第18条第4項の規定に基づき、市民参加に関する基本的な事項を定め、その推進を図ることにより、自治の進展に資することを目的とする。	総合型

ている。

◆住民参加条例の意義

　住民参加条例の意義は3点ある。第1に、**住民参加条例により、住民参加の手続や手段の法的根拠を備えて制度的に保障する**ことである。特に法的根拠が担保されているため、住民自治を進めるために、しっかりとした原動力となる。

　第2に、**住民は自治体職員が持っていない発想が多々あるため、住民が参加することにより、自治体政策の幅が広がる**。そして、地方自治体だけでは解決できない課題への対応が可能となる。

　第3に、**住民参加のシステムを条例化することにより、「住民参加を積極的に進めていく」という地方自治体の意思を対外的に表明する**

図表22　住民参加条例にみる「参加」の定義

条例名	制定年	定義
箕面市市民参加条例	1997年	この条例において「市民参加」とは、市の意志形成過程の段階から市民の意思が反映されること及び市が実施する段階で市と市民が協働することをいう。
宝塚市市民参加条例	2001年	この条例において「市民参加」とは、市の施策を立案し、及び決定する意思形成過程から評価の段階に至るまで、市民が様々な形で参加することをいう。
和光市市民参加条例	2003年	「市民参加」とは、市民が市政に関して意見を述べ、提案することにより、市政を推進することをいいます。
相生市市民参加条例	2004年	市民参加　行政活動に市民の意見が反映され、市民と市との協働によるまちづくりを推進することを目的として、市民が市政に参加することをいう。
白井市市民参加条例	2004年	市民参加　市の施策の立案から実施及び評価に至るまで、広く市民の意見を反映させるとともに、市民と市との連携・協働によるまちづくりを推進することを目的として、市民が市政に参加することをいう。
清里町まちづくり参加条例	2005年	町民参加　町の施策を立案及び決定する意思形成過程から評価の段階に至るまで、町民がさまざまな形で町政に参加することをいう。

ことになる。これは自治体政策を進めるにあたり、プラスの要素として働く。なお、図表22は、各住民参加条例からみる「参加」の定義である。

それぞれの住民参加条例から、「住民参加」の意味は、「住民が様々な形で市政（町政）に参加することで、市政（町政）を推進すること」と定義できそうである。

◆参加の主体

自治体政策に参加するための参加資格について検討する。「箕面市市民参加条例」や「石狩市行政活動への市民参加の推進に関する条例」など、多くの住民参加条例は、「住民」（市民）の定義を設定していない。その場合は、地方自治法上の「市町村の区域内に住所を有する者」（地方自治法第10条）が、住民として適用されると考えられる。

一方で、「横須賀市市民パブリック・コメント手続条例」は、住民の定義規定があり、下記のとおり細かく設定されている（第3条第2項）。

（定義）

第3条　この条例において「実施機関」とは、市長、水道事業管理者、教育委員会、選挙管理委員会、公平委員会、監査委員、農業委員会及び固定資産評価審査委員会をいう。

2　この条例において「市民等」とは、次に掲げるものをいう。
　(1)　本市の区域内に住所を有する者
　(2)　本市の区域内に事務所又は事業所を有するもの
　(3)　本市の区域内に存する事務所又は事業所に勤務する者
　(4)　本市の区域内に存する学校に在学する者
　(5)　本市に対して納税義務を有するもの
　(6)　パブリック・コメント手続に係る事案に利害関係を有するもの

◆参加の手段

　住民参加条例によって、参加の手法は地方自治体ごとに異なる。住民参加条例に規定されている参加の手段は、審議会などへの参加、説明会の参加、ワークショップへの参加、市民意見提出手続、パブリック・コメント手続、住民と職員との対話の機会、市民意見の積極的な把握、アンケート調査などの意向の把握、公聴会の開催、そして住民投票などがある。なお、これらの中には、条例化によらず、要綱などにより既に実施されてきた手段も含まれている。

5　議会との関係

　住民参加条例の中に、議会との関係を示す規定はない。原則的に、自治体政策の決定権は議会にあるため、それを無視して住民参加が行われてはいけない。また、議会は住民の代表機関であるため、自治体政策について住民が意見や提案を提出して参加する住民参加は、議会軽視になるという意見もある。

　しかし、**自治体政策への住民参加は、決して議会に抵触することではない。むしろ、住民参加は議会の存在がより重層さが増すことになり、住民自治を進める大きな要因となる**。その意味でも、積極的に住民参加条例は制定していくべきと思われる。

　なお、地方自治法第94条は「町村は、条例で、第89条の規定にかかわらず、議会を置かず、選挙権を有する者の総会を設けることができる」とあり、住民の直接民主制を認めている（第89条は「普通地方公共団体に議会を置く」という規定である）。現時点では、直接民主制を実行している町村はないが、これが究極の住民参加といえるかもしれない。

6　おわりに

　条例化は、「義務を課し、又は権利を制限する」ときは必須である。

この住民参加は、義務を課すわけでもないし、また権利を制限するわけでもないため、条例化は必ずしも必要ではない。そのため、要綱により住民参加を進めている地方自治体もある。しかし、**条例化による住民参加は、恒常的な制度として維持が可能となり、長期的な視点のもと住民参加を進めていくことができる**。その意味でも、住民参加条例を制定した方がよい。

　今後、地方自治体は、住民の自治体政策への参加を求める傾向が強まっていくと思われる。それならば、やはり住民参加条例を制定し、法的根拠を明確にした上で、住民参加を積極的に進めていく必要があるだろう。

第9章 協働推進条例

1 はじめに

　第8章では「住民参加条例」について言及した。それを受けて本章では、住民参加条例と関係の深い「協働推進条例」を紹介する。

　詳細の議論に入る前に、まずは「参加」と「協働」の概念を明確にしておきたい。山岡義典・法政大学現代福祉学部教授は、「市民参加とは、行政活動に市民の意見を反映するため、行政活動の企画立案から実施、評価に至るまで、市民が様々な形で参加すること」と定義している。一方で、「協働とは市の実施機関と市民公益活動を行う団体が、行政活動について共同して取り組むこと」としている。

　すなわち、「市民参加」（住民参加）は、個人と行政との関係性の概念であり、「協働」は、組織と組織の関係性の概念であると区別している[1]。

　本章は、この山岡氏の定義を踏襲して進める。本章で検討する協働推進条例は、例えば、大和市（神奈川県）の「大和市新しい公共を創造する市民活動推進条例」や箕面市（大阪府）の「箕面市非営利公益市民活動促進条例」である。また、杉並区（東京都）の「杉並区NPO・ボランティア活動及び協働の推進に関する条例」や横須賀市（神奈川県）の「横須賀市市民協働推進条例」などである。

　これらの条例は、地方自治体と市民公益活動団体[2]などの関係を

Reference
［1］　山岡義典（2003）「協働の土台としての市民参加の重要性」『都市問題研究（第55巻第10号）』都市問題研究会
［2］　市民公益活動（公益活動を行っている団体）を行うことを主たる目的とする継続性を持つ団体を指す。法人、非法人（任意団体）は問わない。

規定した条例である。以上を背景にして、本章は協働推進条例の背景や概要などについて紹介する。

2 協働推進条例の背景

今日、地方自治体に寄せられる要望や意見は、多方面にわたっている。その原因は、住民ニーズの多様化や多発化があるからである。その背景には、住民の個性化が進んでいることが一つの原因である。その結果、実に様々な社会的課題が生じており、その課題に地方自治体だけでは対応できる状態ではなくなりつつある。その**多様な課題に対して、多様な主体者で対応していこうとする概念が「新たな公」である**。国や地方自治体が定義する「新たな公」とは、図表23のとおりである。

この「新たな公」とは、多様な主体が公共サービスを担い、多様な主体が公共を創造する、という意味が内包されている。本章では、「国や地方自治体、民間事業者、市民公益活動団体などの地域を構成する様々な主体者が、対等・協力の関係で役割分担を明確にし、新しく創出する公共」と定義する。

そして、この「**新たな公」を創出していくための重要なキーワードが協働である**。その**協働の活動を条例化により法的根拠を持たせることで**、より持続的な活動に進展させようとの意図がある。また、**条例化により、主体間での役割分担の明確化と協働のルールの決定**も考えているようである。

図表24は、新聞各紙（朝日新聞・産経新聞・毎日新聞・読売新聞）における「協働」という言葉の登場回数の推移である。右肩上がりで増加している様子が理解できる。この図表24からも、今日の社会は協働が求められつつあることが推測できる（その結果、協働の伴わない自治体政策は無意味になりつつある）。

図表24をみると、1995年前後から「協働」という言葉の登場が増加している。これは、1995年の阪神・淡路大震災によるボランティア活

図表23　国・地方自治体における「新たな公」の定義

自治体	発表年	表現	定義
鯖江市市民活動によるまちづくり推進条例	2003年	新しい公共サービス	この条例において「新しい公共サービス」とは、市民、市民活動団体、事業者、市が共に知恵と力を出し合って創造する、地域に求められている公益的なサービスをいう。
多摩市行財政再構築プラン	2004年	新しい公共	「新しい公共」とは、（中略）行政のみならず、市民、NPO、事業者など、多様な主体が、対等な立場で協働・連携し、適切に役割分担しながら「公共」の領域をともに担っていこうとする考え方です。
三重県県民しあわせプラン	2004年	新しい時代の公（おおやけ）	これまで「公的領域は行政が担うもの」と考えられてきましたが、これからは、県民も行政と共に「公」を担う主体となるという考え方が、新しい時代の「公」の考え方です。新しい時代の「公」のあり方のもとで、「行政が担う『公』」の内容を見直すとともに、県民、行政など多様な主体が担う領域についても、社会全体で支えるしくみを整えていくことが必要となります。
久喜市みんなで育てよう！協働のまちづくり	2005年	新しい公共	一般的に「公共」とは、主に行政が担うものだと考えられてきました。それに対し、「新しい公共」とは、官・民、公・私といった枠をこえて、行政、企業、市民活動団体や個人等が、それぞれが持っている、知恵・技、情報、資金、拠点・機材、ネットワーク等をお互いに出し合うことで、創造的に支える新しい社会の姿を指します。
あだち協働ガイドライン（足立区）	2005年	新しい公共活動	新しい公共活動は、それぞれの主体が目的と責任を持ちながら実施しているものですが、主体同士の関係を近づけ、地域にもっともふさわしい公共サービス・活動を追及する創造的な手段が、協働であると考えることができます。協働が、共通の目的意識、対等関係、応分の責任、相乗効果などの基本原則を持つものだからです。
地方公共団体における行政改革の推進のための新たな指針（総務省）	2005年	新しい公共空間	これまで行政が主として提供してきた公共サービスについても、今後は、地域において住民団体をはじめNPOや企業等の多様な主体が提供する多元的な仕組みを整えていく必要がある。これからの地方公共団体は、地域のさまざまな力を結集し、「新しい公共空間」を形成するための戦略本部となり、行政自らが担う役割を重点化していくことが求められている。
大和市新しい公共を創造する市民活動推進条例	2006年	新しい公共	市民、市民団体、事業者、市が協働して創出し、共に担う公共をいう、と定義されている（大和市新しい公共を創造する市民活動推進条例）。

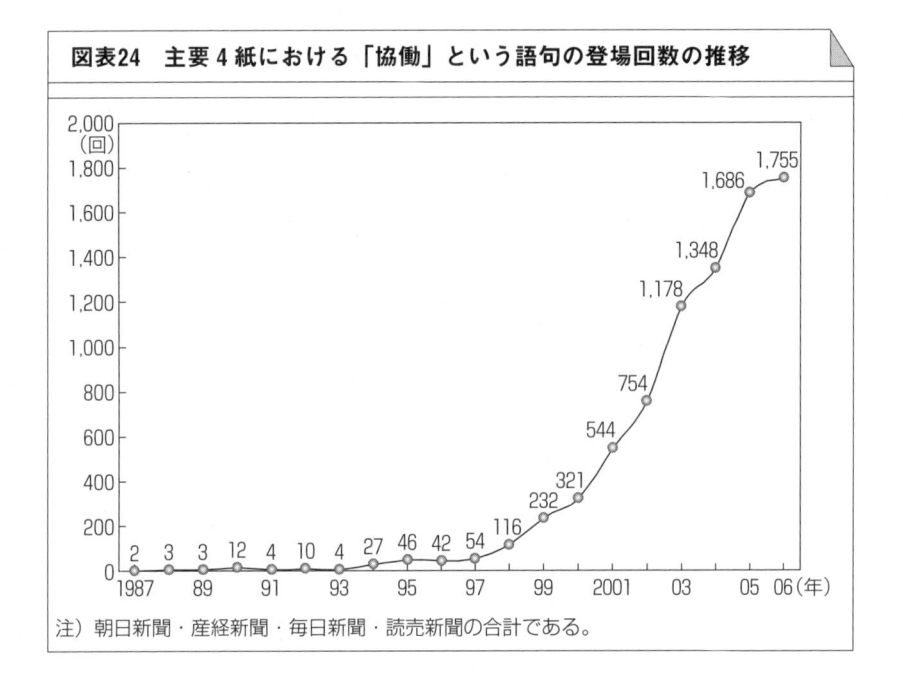

図表24　主要4紙における「協働」という語句の登場回数の推移

データ点：
- 1987: 2
- 88: 3
- 89: 3
- 90: 12
- 91: 4
- 92: 10
- 93: 4
- 94: 27
- 95: 46
- 96: 42
- 97: 54
- 98: 116
- 99: 232
- 2000: 321
- 2001: 544
- 02: 754
- 03: 1,178
- 04: 1,348
- 05: 1,686
- 06: 1,755

注）朝日新聞・産経新聞・毎日新聞・読売新聞の合計である。

動の活発化が影響していると考えられる。そして1999年から、一気に「協働」の2文字が拡大している。これは、NPOやボランティア活動の活発化を背景とする「特定非営利活動促進法」（NPO法）が、1998年に制定されたことが原因となっていると推測される。このNPO法を根拠法として、市民公益活動団体を支援したり、同団体とパートナーシップを締結したりする条例が増加してきた。

3　協働推進条例の概要

◆目的

　様々な協働推進条例の目的規定を抽出したのが、図表25である。
　おおまかに協働推進条例の目的を定義づけると、「市民、市民公益活動団体、事業者や地方自治体などの多様な主体者が公共サービスを担い、対等・協力の関係で役割分担を明確にし、共に活動することで

図表25　各協働推進条例における目的規定

条例名	制定年	目　的
箕面市非営利公益市民活動促進条例	1999年	この条例は、市民の社会貢献活動のより一層の発展を促進するための基本理念を定め、市の責務並びに市民、事業者及び非営利公益市民活動団体の役割を明らかにするとともに、非営利公益市民活動の促進に関する基本的な事項を定めることにより、地域社会の発展に寄与することを目的とする。
横須賀市市民協働推進条例	2001年	この条例は、市民協働の推進に関する基本理念を定め、市民、市民公益活動団体、事業者及び市が対等な立場で、お互いに良きパートナーとして役割を分担し、公益の増進を図り、もって魅力と活力ある地域社会の発展に寄与することを目的とする。
大和市新しい公共を創造する市民活動推進条例	2002年	この条例は、市民、市民団体、事業者及び市の協働により、新しい公共を創造するための基本理念及び基本的事項を定め、もって多様な価値観を認めあう豊かで活力ある地域社会の実現に寄与することを目的とする。
吹田市市民公益活動の促進に関する条例	2002年	この条例は、市民公益活動の促進についての基本理念を定め、市並びに市民、事業者及び市民公益活動団体（以下「市民等」という。）の役割を明らかにするとともに、市民公益活動の促進に関する施策の基本となる事項を定め、施策を総合的かつ計画的に推進することにより、地域社会の発展に寄与することを目的とする。
杉並区NPO・ボランティア活動及び協働の推進に関する条例	2002年	この条例は、区民が自発的かつ継続的に行う自主的な社会貢献性のある活動を保障するとともに、区民、NPO・ボランティア（以下「NPO等」という。）、事業者及び杉並区の協働の基本理念を定め、並びにそれぞれの役割及び責務を明らかにし、区の支援策を定めることにより、NPO等の活動並びに区民、NPO等、事業者及び区の協働の推進を図ることを目的とする。

地域社会の発展に寄与する」となる。

◆協働の定義

　本書は、山岡氏の協働の定義を使用している。様々な協働推進条例では、どのような協働の定義があるのか抽出してみる（図表26）。その中には、必ずしも組織と組織の関係性を示していない場合もある。第8章で言及した「住民参加」も含んだ定義規定になっていることも

図表26　住民参加条例にみる「協働」の定義

条例名	制定年	定　義
箕面市市民参加条例	1997年	この条例において「協働」とは、市と市民がそれぞれに果たすべき責任と役割を自覚し、相互に補完し、協力することをいう。
和光市市民参加条例	2003年	「協働」とは、市民、市の機関及び議会がそれぞれの役割と責任を自覚し、互いに尊重し、補完し、協力することをいいます。
鹿児島市の市民参画を推進する条例	2003年	協働　市民と市がそれぞれの果たすべき役割を自覚することにより、相互に補完し、及び協力することをいう。
足立区自治基本条例	2004年	協働　区民及び区が、それぞれに果たすべき責務と役割を自覚しながら、対等の立場で相互に補完し、協力して取り組むことをいう。
相生市市民参加条例	2004年	協働　市民と市がそれぞれに果たすべき役割を自覚し、相互に補完し、協力し合うことをいう。
多摩市自治基本条例	2004年	協働　市民、市議会及び市の執行機関が、それぞれの役割及び責任のもとで、まちづくりのために、ともに考え協力し、行動することをいいます。
知立市まちづくり基本条例	2005年	協働　地域の課題の解決を図るため、それぞれの役割と責任のもとで、ともに考え、協力し、行動することをいいます。

理解できる[3]。一見すると、住民参加条例と協働推進条例は重複する点もあるが、内容的には別条例として捉えたほうがよい（同じ内容ならば、わざわざ「住民参加」と「協働」を区別する必要はないと思われる）。

◆実効性の確保

「横須賀市市民協働推進条例」では、市民協働の推進などを審議す

Reference

[3]　協働という言葉の浸透は、1990年に発表された荒木昭次郎・熊本県立大学総合管理学部教授の『参加と協働』が大きな影響を与えている。荒木氏は、この協働という概念は、1977年にアメリカのインディアナ大学のヴィンセント・オストロムが「地域住民と地方自治体職員が対等の立場に立ち、共通の課題に互いが協力しあって取り組むこと」という意味を表現するために、「協働（coproduction）」という造語を作ったことがはじまりと指摘している。なお、「co」は「共に」という意味があり、「production」は「つくる」という意味がある。この「共につくる」が語源であるといわれている。

る附属機関として「市民協働審議会」(第11条)を設けることで、条例の実効性を担保しようとしている。さらに、同条例には「公募市民」を審議会の構成員とすることや、審議会に建議機能(意見を申し立てること)も持たせることなどが明記され、同条例の実効性確保に努めている。また、箕面市も同様に附属機関を設けている。

◆協働の限界

今日において、協働の限界について様々な議論がある。その一つの見解を紹介する。一般的に協働とは、地方自治体と住民などの責任原則に基づいた対等の関係が基調となっている。しかし、この対等の関係が、現在の制度では実現されていないという説明がある。

例えば、大久保規子・大阪大学大学院法学研究科教授は、「一般的にいわれているNPOと行政との『対等性』という理念は理解できるものの、法的にみれば『協働』の意味は必ずしも明らかではない」と言及している。

その理由として、「NPOとの合意に基づく行政といっても、ある公的任務が行政事務として行われる限り、法律により権限を付与された行政庁が最終的な決定権や責任を有するからである」と指摘している。さらに大久保氏は、委託事業実施に係わる事故などによって生じた損害に対する保障の責任(損害賠償責任)についても言及しており、「現状では最終的権限と同時に、国家賠償法1条1項あるいは民法715条に基づく損害賠償責任の所在も行政側にあると考えられる」と記している。地方自治体とNPOの協働は「対等」とは言いつつも、何かしら問題が生じたら、「協働」の名において行った事業の責任は地方自治体(行政)にあるということになる[4]。

Reference

[4] 大久保規子 (2002) 「NPOと行政の法関係」山本啓・雨宮孝子・新川達郎編著『NPOと法・行政』ミネルヴァ書房

4　特徴的な協働推進条例

◆横須賀市市民協働推進条例

　はじめて「協働」という2文字が入った条例である。「横須賀市市民協働推進条例」は、「市民活動の推進」に加え「市民協働の推進」を規定している。市民協働をうたっていることからも、同条例の検討段階から住民参加を実行してきた。例えば、条例検討委員会の委員は、17名中12名が市民委員となっている。

　また、同条例の検討においては、横須賀市側から「たたき台」を一切示さず、住民から募集した意見や関連資料などを基にして、検討委員会で条例の概要から作りはじめた点も特徴である。

　同条例の特徴的な規定は、第8条の「市は、市民公益活動団体に対しその活動を促進するため、予算の範囲内で、助成金の交付等の財政的支援をするよう努める」という財政的支援が挙げられる。具体的には、市民公益活動団体に対する助成金の交付などの支援を実施している。

　また、第9条の「市は、市民公益活動団体に対しその活動を促進するため、専門性、地域性等の特性を活かせる分野において業務を委託する等の行政サービスへの参入機会の提供をするよう努める」と、行政サービスにおける参入機会の提供をうたっている。市民公益活動団体の活動や自立を促進するため、専門性・地域性などの特性を活かせる分野への業務委託による参入機会の提供である。

　全体的に、当時としては画期的な条例であり、この条例を参考として多くの地方自治体が協働推進条例を制定した。今日では、この横須賀市の条例そのものに視点が奪われてしまうが、**同条例を作りあげてきた過程にも十分意義があることを強調したい**[5]。

Reference

[5]　詳細は、横須賀市市民部市民生活課のホームページを参照されたい。
　　　http://www.city.yokosuka.kanagawa.jp/simin/

◆志木市市民との協働による行政運営推進条例

　この条例は、国の財政状況の悪化や少子高齢化が進み、税収や交付税が減少しても、現状の行政サービスを維持し、だれもがいつまでも安心して暮らせる「ふるさと志木市」「元気で自立する、あたたかいまち」を、住民と志木市が協働で築いていくことを目的としている。

　志木市（埼玉県）は、「地方自立計画」[6]を策定した。同計画の中には、住民を有償ボランティアの「行政パートナー」として、志木市の業務に参加することが明記されていた。この行政パートナーとは、登録された市民公益活動団体のうち、実際に志木市と業務委託契約を締結し、業務を実施する団体である。

　しかし、この行政パートナーには地方公務員法が適用されないため、守秘義務が課題となった。この問題をクリアするため、「志木市市民との協働による行政運営推進条例」を制定し、業務委託契約とパートナーシップ協定を締結して、守秘義務やプライバシー保護などを明確にした[7]。

　同条例は、市民公益活動団体と志木市が協働を推進するに際しては、①対等の立場でそれぞれの役割及び責務を理解すること、②情報を共有し良好な関係を築くこと、③志木市は、市民公益活動団体の自主性・自立性を尊重することを理念としている（第3条）。そして、

Reference

[6]　「地方自立計画」は、協働を基調にして行政運営していく「日本一あたたかい、ローコスト（低い費用）ローランニングコスト（低い運営費用）」の「まち」を目指す計画である。また、住民自らが持つ経験や知識あるいは時間的ゆとりを活用し、社会貢献活動として公務を担う、有償ボランティアの「行政パートナー」を導入することを明記している。

　2021年までの20年計画で、正規職員301人に対し、行政パートナーを523人とし、現在の職員数の84.5％を住民が担うとしている。そして、最終目標は正規職員50人以内の地方自治体を目指すという斬新な計画である。

[7]　志木市市民との協働による行政運営推進条例には、「法令等及び業務委託契約に定める事項に従う義務」（第11条）、「信用失墜行為の禁止」（第12条）、「秘密を守る義務」（第13条）、「プライバシーの保護」（第14条）の規定があった。

協働の具体的内容としては、市民公益活動団体に対する行政サービスの実施主体（上記した「行政パートナー」）としての業務委託を規定している（第4条）。また、第三者による委託業務の進行管理措置（第15条）などを定めていた。ちなみに、現在では同条例は廃止され、新たに「志木市市民協働推進条例」がある。

5 おわりに

地方分権が進めば進むほど、否応なしに住民自治が求められてくる（住民自治の前には、団体自治を確立しなくてはいけない）。その結果、協働推進条例はますます重要になってくる。しかし、一部の地方自治体には、**協働を安上がりな手段と考えているきらいがある。もし、このような考えを持って協働を進めるのならば、「協働の失敗」を招いてしまう危険性がある。**実際に「協働の失敗」という現象が現れている地方自治体もある。

この協働の失敗の意味するところは、「地方自治体と住民の協力関係の中で、それぞれの主体が当初期待したとおりに協力関係が進まず、かえってそれぞれの主体間で不信感が増大し、その結果、外部不経済が生じること」[8]と定義することができる。この協働の失敗に陥らないようにしなくてはいけない。

Reference

[8] 本章でいう「協働の失敗」とは、筆者の造語である。なお、経済学には市場の失敗や政府の失敗という概念がある。それぞれの意味は、次のとおりである。「市場の失敗」とは、市場メカニズムだけでは、資源配分の効率性が達成されない状況であり、市場メカニズムのもたらす均衡が必ずしもパレート効率的にならない状態をいう。その結果、外部不経済（環境の汚染や高速道路の渋滞など）が生じることを指している。

「政府の失敗」とは、市場メカニズムの中で、政府主導の経済政策が意図したような成果を上げられず、かえって経済活動が非効率化することである。また、政府による規制が時には様々な無駄を生み、汚職や腐敗など社会的コストを生みさえするということである。

協働の失敗については、次の文献を参照されたい。

牧瀬稔（2005）「「協働の失敗」を回避するために―協働の思想を求めて―」『地域問題研究（No.69）』社団法人地域問題研究所

5 おわりに

　新しい公を様々な主体者が役割分担を理解し、協働を進めることは、自治体政策の内容を充実させることになる。また、従来の施策や事業を効果的に進めることができたり、効率化することでコストを低減できるなどの副次的な効果も期待できる。**地方自治体と様々な主体者が、自治体政策の質や量の向上を目指し、協働していくことは、その地域を彩りあざやかにしていく。**その意味で協働は大切であり、その協働を進めていく原動力となる協働推進条例は大変重要な意義を持っている。

第10章　コミュニティ再生条例

1　はじめに

　今日、「わが国のコミュニティが脆弱化している」という指摘は多い。『平成19年版国民生活白書』によれば、わが国は地域のつながりが変化していると指摘し、「地域のつながりは長期的に希薄化」「近隣関係は希薄化し続けている」「町内会・自治会の活動に参加する頻度は低下した」などと言及している。

　そして、このコミュニティの重要性について、『平成17年度国土交通白書』は「地域コミュニティは、平常時における定期的な防災訓練の実施、住民の防災意識や災害時に向けた準備の喚起等に大きな役割を果たすとともに、災害時においては、災害発生直後の住民の安否確認、初期救助活動、情報の伝達、避難所の運営、被災した住居を狙った窃盗等を防ぐための住民による見回り等に重要な役割を果たしている」と指摘している。

　コミュニティが衰退しつつある現状を危惧し、自民党総務部会は議員立法により「コミュニティ活動基本法案」の提案を目指している。同法案は、地域社会の連帯が脆弱化した中で、自治会や町内会をはじめとする地域のコミュニティ活動を後押しするために、地方自治体や事業者の責務、住民の役割を法制化する内容である。

　国の動きは、ようやく始まったばかりである。しかし、このコミュニティの再生に向けて、既に地方自治体が国に先駆けて動いてきた。例えば、地方自治体はコミュニティ再生に関する条例や行政計画を制定し、様々な施策や事業を実施している。

　以上の背景を受けて、本章では、コミュニティの再生を目指してい

る条例を紹介し、その制定の背景やコミュニティの定義などを検討する。なお、地方自治体が公の施設を設置し管理する場合は、必ず条例によらなくてはいけない。そこで、地方自治体には「コミュニティ会館条例」や「コミュニティ・センター条例」のような設置条例が多々ある。本章では、これらの設置条例は対象外としている（ハード的要素の強い条例は対象外としている）。

2　コミュニティ再生に取り組む背景

地方自治体がコミュニティ再生に取り組む背景を、条例や行政計画などから抽出する。例えば、武蔵野市（東京都）の「武蔵野市コミュニティ条例」の制定理由は、「地理的にも時間的にも制約されない新しいコミュニティづくりの仕組みの構築が急務となり、また多様な市民活動を支援するため専門館との連携強化等も課題となってきました。（中略）新たに時代に対応したコミュニティづくりを推進するための条例を制定することとなりました」と同市のホームページには記載されている[1]。

コミュニティ再生を条例ではなく、行政計画として推進している地方自治体がある。矢板市（栃木県）は「矢板市地域コミュニティ元気プラン」を策定している。同計画に明記されている策定背景は、「地域住民による自主的な活動を通して地域の一体感や人のつながりを築き、地域の人と人との支え合いや助け合いを促すことを目的として、この計画を策定するものです」とある。

また、吹田市（大阪府）も矢板市と同様な趣旨で「吹田市地域コミュニティ推進計画」を策定している。同計画は、おおむね小学校区を単位とした地域コミュニティへの取り組みや支援体制、地域活動への参加者拡大、吹田市の縦割り問題の解消などについて定めている。

Reference

[1]　次のURLを参照されたい。
　　　http://www.city.musashino.lg.jp/cms/guide/00/00/05/00000582.html

同計画は、「吹田市自治基本条例」の第24条第2項に基づき制定された。

吹田市自治基本条例
　　第8章　コミュニティの尊重等
　第24条　市民及び市は、暮らしやすい地域社会を築くため、コミュニティ（居住地域又は関心、目的等を共にすることで自主的に形成された集団又は組織をいいます。以下同じです。）の役割を尊重しなければなりません。
　2　市は、コミュニティの自主性及び自立性を尊重し、その活動を支援するよう努めるものとします。

　その他、八戸市（青森県）は「地域コミュニティ計画の手引き」を作成している。また、高知市は「高知市コミュニティ計画」を策定している。さらに「コミュニティ計画」として行政計画の形態で独立はしていないが、多くの地方自治体が基本構想や基本計画の中に「コミュニティ」の章を設け、地域におけるコミュニティの再生に取り組んでいる。

　コミュニティ再生を目指す条例も行政計画も、その背景を探ると、地域でのコミュニティの衰退による多くの問題を抱えている現状に対処する意味合いが大きい。特に、地方自治体は、コミュニティの衰退を示す指標として、自治会や町内会の加入率の低下を採用している。一般的（全国的）に、自治会・町内会の加入率は、歯槽膿漏的に崩壊しつつある（図表27）。そこで、コミュニティの再生を目的とした条例や行政計画を策定し、コミュニティの衰退に歯止めをかけようとしている。

　また、図表28は新聞各紙（朝日新聞・産経新聞・毎日新聞・読売新聞）における「コミュニティ」という言葉の登場回数の推移である。右肩上がりで増加している様子が理解できる。この図表28からも、現

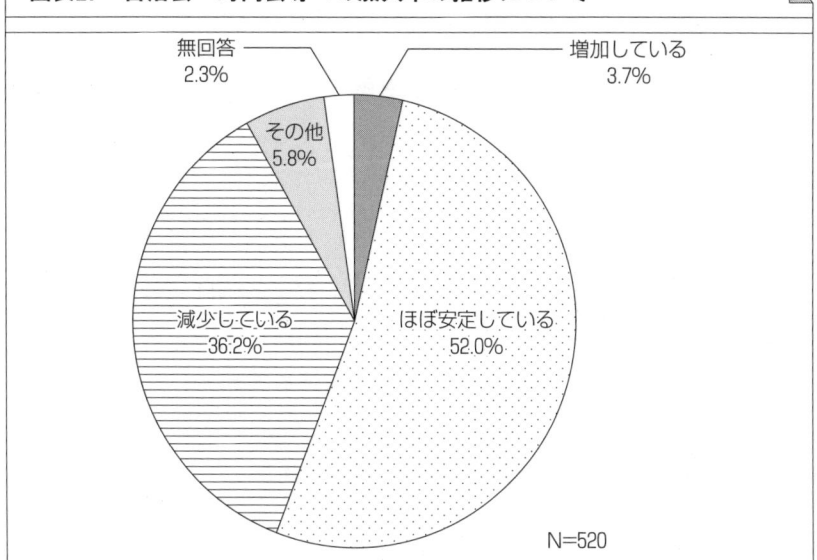

2 コミュニティ再生に取り組む背景

図表27　自治会・町内会等への加入率の推移について

- 増加している　3.7%
- ほぼ安定している　52.0%
- 減少している　36.2%
- その他　5.8%
- 無回答　2.3%

N=520

注）この回答の設問内容は、「過去10年間に自治会・町内会等へのコミュニティ加入率の推移は総じてどうなっていますか（あてはまるもの1つに〇）」
資料）財団法人日本都市センター（2001）『近隣自治とコミュニティ』

図表28　主要4紙における「コミュニティ」という語句の登場回数の推移

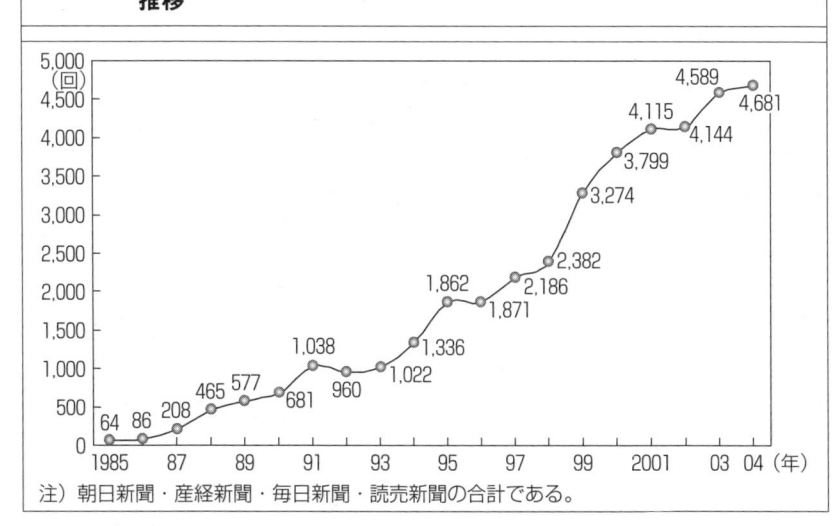

年	回数
1985	64
87	86
88	208
89	465
90	577
91	681
92	1,038
93	960
94	1,022
95	1,336
96	1,862
97	1,871
98	2,186
99	2,382
2000	3,274
2001	3,799
02	4,115
03	4,144
04	4,589 / 4,681

注）朝日新聞・産経新聞・毎日新聞・読売新聞の合計である。

在ではコミュニティが実に求められている社会になりつつあることが理解できる。

3 コミュニティ再生条例の概要

◆目的

コミュニティ再生条例の目的規定は、図表29のとおりである。これらの目的規定を合わせると、**コミュニティ再生条例は「住民が連帯感に基づく助け合いの気持ちを醸成しつつ、同時に、地方自治体が実施するコミュニティづくりの施策や事業の事項を定め、住民と地方自治**

図表29　各コミュニティ再生条例における目的規定

条例名	制定年	目的
矢巾町コミュニティ条例	1980年	この条例は、町民が連帯感に基づく助け合いの気持ちを醸成しつつ、住み良い地域社会を自らの手で作るという共通の目標に向かって、組織的かつ継続的に自主的な活動を展開している行政区等を区域とする地域社会（以下「コミュニティ」という。）を醸成し、及びコミュニティの活動を推進するための基本的な事項を定め、もって矢巾町民憲章に掲げる理想のまちの実現を図ることを目的とする。
武蔵野市コミュニティ条例	2002年	この条例は、コミュニティづくりの基本理念及びその推進に必要な事項を定め、市民と行政の協働による快適で住みよいまちづくりに寄与することを目的とする。
宗像市市民参画、協働及びコミュニティ活動の推進に関する条例	2005年	この条例は、創造豊かで活力あるまちづくりを推進するため、市民参画、協働及びコミュニティ活動の推進に関する基本的な事項を定め、その推進を図ることにより、市民一人一人が快適で、安全で、温もりのある暮らしのかたちを実現できる環境を整えることを目的とする。
臼杵市コミュニティ活動推進基金条例	2005年	地域住民によるコミュニティ活動を推進するため、地方自治法（昭和22年法律第67号）第241条第1項の規定に基づき、臼杵市コミュニティ活動推進基金（以下「基金」という。）を設置する。

体の協力関係による快適で住みよいまちづくりに寄与すること」を目的と捉えていることが理解できる。

また、条例名に「コミュニティ」という表記はなくても、他の条例の中に「コミュニティ」の規定が入ることがある。例えば、自治基本条例の中には一規定として「コミュニティ」が書き込まれている場合が少なくない。それは、川崎市、岐阜市、豊中市（大阪府）、帯広市（北海道）など枚挙にいとまがない。

川崎市自治基本条例

（コミュニティの尊重等）

第9条　市民は、暮らしやすい地域社会を築くために、コミュニティ（居住地、関心又は目的を共にすることで形成されるつながり、組織等をいいます。）をそれぞれの自由意思に基づいて形成することができます。

2　市民及び市は、暮らしやすい地域社会の担い手であるコミュニティの役割を尊重するものとします。

3　市は、コミュニティの自主性及び自律性を尊重しながら、コミュニティにかかる施策を推進します。

岐阜市住民自治基本条例

（コミュニティ）

第7条　市民は、互いに助け合い、地域の課題に自ら取り組むことを目的として形成された自治会等地域のコミュニティに対する理解を深め、互いに協働してより良い地域社会の実現に努めるものとする。

2　市民は、社会の課題の解決を図る市民活動団体等公益性を有する活動を目的とするコミュニティに対する理解を深め、その活動が健全に展開される豊かな市民社会が形成されるよう努めるものとする。

3　コミュニティは、自主性及び自立性の下に地域性、専門性、機動性等の特性を生かし、住民自治に寄与するものとする。

第10章 コミュニティ再生条例

◆コミュニティの定義

図表30は、地方自治体の条例から抽出した「コミュニティ」の定義である。

図表30の各定義から、共通点を抽出すると、「人と人のつながり」「共

図表30 条例等にみる「コミュニティ」の定義

条例名	制定年	定 義
岩見沢市におけるコミュニティの安全と市民の安心を高める条例	1998年	1　事業者及び市民は、地域一体となった連帯感の下に地域の安全と市民の安心を確保するための活動を行う自主的な組織（以下「安全コミュニティ」という。）を形成するように努めなければならない。 2　安全コミュニティは、地域における安全なまちづくりを計画的かつ総合的に進めるように努めなければならない。 3　市は、前項に規定する安全コミュニティの形成及びその活動に対し、必要な支援を行うものとする。
ニセコ町まちづくり基本条例	2000年	わたしたち町民にとって、コミュニティとは、町民一人ひとりが自ら豊かな暮らしをつくることを前提としたさまざまな生活形態を基礎に形成する多様なつながり、組織及び集団をいう。
武蔵野市コミュニティ条例	2002年	この条例において、次に掲げる用語の意義は、当該各号に定めるところによる。 (1)　地域コミュニティ　居住地域における日常生活の中での出会い、多様な地域活動への参加等を通して形成される人と人とのつながり (2)　目的別コミュニティ　福祉、環境、教育、文化、スポーツ等に対する共通の関心に支えられた活動によって形成される人と人とのつながり (3)　電子コミュニティ　インターネットその他高度情報通信ネットワークを通して、時間的及び場所的に制約されることなく形成される人と人とのつながり
吉川町まちづくり基本条例	2003年	コミュニティとは、お互いに助け合い、心豊かな生活を送ることを目的とし、自主的に結ばれた地域内の住民組織及び集団をいいます。
多摩市自治基本条例	2004年	コミュニティとは、市民が互いに助け合い、心豊かな生活をおくることを目的として、自主的に結ばれた組織をいいます。
八戸市協働のまちづくり基本条例	2004年	（地域コミュニティ）市民が共同体意識又は連帯感を持って生活する一定範囲の基礎的な近隣社会をいう。
知立市まちづくり基本条例	2005年	地域住民が互いに助け合い、地域の課題に自ら取り組むことを目的として自主的に結ばれた組織又は集団をいいます。

通の目的を持つ」「共通の行動をする」に集約される。この3点が「コミュニティ」の成立要件と考えられる。そこで、本章では**コミュニティを単純に「人と人のつながりを基調とし、共通の目的を持って共に行動する（組織・集団・団体など）」と捉える**ことにする。

また、「武蔵野市コミュニティ条例」のように、コミュニティは、①自治会・町内会など地域を中心とした「エリア型」、②NPO法人など共通した課題解決を目的として集まった「テーマ型」、③インターネットの空間に集まった「バーチャル型」、に分けることも一案である。

次に、学識者における「コミュニティ」の定義も紹介しておく。社会学者のマッキーヴァーは、「一定地域における共同生活の領域のことを指し、互いの間に共通の社会意識や共属感情がみられることが要件」と指摘している[2]。

また、松原治郎氏は「地域社会の生活の場において、市民としての自主性と主体性と責任とを自覚した住民によって、共通の地域社会への帰属意識と共通の目的と役割意識とを持って共通の行動がとられようとする、その態度のうちに見出されるもの」と記している[3]。これらの文献から、今日におけるコミュニティは、多義的であることが理解できる。

◆コミュニティ再生条例の類型

このコミュニティ再生条例は、①理念・宣言型、②実践・手続き型、③基金・法定外税型、④施設設置型、⑤住民自治区設置型、に大きく類型することができるようである。以下では、簡単に説明する。

① 理念・宣言型

Reference
[2] 中久郎・松本通晴訳（1975）『コミュニティ』ミネルヴァ書房
[3] 松原治郎（1978）『コミュニティの社会学』東京大学出版会

コミュニティ再生に向けた将来ビジョンや理念に力点をおいた条例である。総論的であり、抽象的な内容となっている。例えば、「武蔵野市コミュニティ条例」や矢巾町（岩手県）の「矢巾町コミュニティ条例」などである。

② 実践・手続き型
　コミュニティを再生していくため、具体的な施策や事業を明記している。あるいは、市民参加や協働の手続きを記した条例である。例えば、宗像市（福岡県）の「宗像市市民参画、協働及びコミュニティ活動の推進に関する条例」や金沢市（石川県）の「金沢市集合住宅におけるコミュニティ組織の形成の促進に関する条例」などである。

③ 基金・法定外税型
　地方自治体がコミュニティ行政に取り組んでいく際、様々な施策や事業を実施することになる。その施策費や事業費を担保するための条例である。例えば、基金条例としては、陸前高田市（岩手県）の「陸前高田市コミュニティ活動資金貸付基金条例」や土佐町（高知県）の「土佐町まちづくり応援基金条例」などがある。一方で、法定外税条例としては、宮崎市の「宮崎市地域コミュニティ条例」がある。

④ 施設設置型
　地方自治体が公の施設を設置し管理する場合は、必ず条例によらなくてはいけない。コミュニティを再生するために、様々な主体者が集う施設の設置条例である。例えば、網走市（北海道）の「網走市コミュニティセンター条例」や春日井市（愛知県）の「春日井市高蔵寺コミュニティ・センター条例」などが該当する。なお、本章では、この施設設置型の条例は対象外としている。

⑤ 住民自治区設置型

市町村が、その区域内の地域に、市町村長の権限に属する事務を分掌させ、地域の住民の意見を反映させつつ、これを処理させるため設置する自治・行政組織の一つである。地方自治法第202条の4以下で規定されるものと、市町村の合併の特例等に関する法律第23条以下で規定されるものの2種類がある。

例えば、浜田市（島根県）は「浜田市自治区設置条例」を設定している。また、宮崎市にも「宮崎地域自治区の設置等に関する条例」があり、地域自治区が設定されている。

4 特徴的なコミュニティ再生条例

◆武蔵野市コミュニティ条例

武蔵野市の「武蔵野市コミュニティ条例」は、少子高齢化、IT化、NPOの活性化といった環境変化に対応し、コミュニティセンターを中心とするコミュニティづくりに加え、地理的にも時間的にも制約されない新しいコミュニティづくりの仕組みを構築することを目的に制定された。

同条例の策定経過は、コミュニティ市民委員会の答申を受け、住民参加で策定作業を行ってきた。同条例の特徴として、コミュニティ構想と住民自治の精神を大切にし、コミュニティづくりの自主3原則（自主参加・自主企画・自主運営）を継承している点にある。

また、**コミュニティの定義**も、従来の「地域別コミュニティ」に加え、「目的別コミュニティ」と「電子コミュニティ」という新たなコミュニティ像を打ち出している点にある。

◆宮崎市地域コミュニティ条例

コミュニティを襲う課題の解決には財源が必要である。そこで、住民自治の観点から、その活動費の一部を広く住民に求める「地域コミュニティ税」を創設した。コミュニティ税は、年額1人当たり500

円（税収規模約8,000万円）とし、納税対象者は個人で市民税均等割が課税されている者としている（約37万市民のうち約16万人）。

税収の全額を宮崎市内の18地区ごとに配分し、まちづくり活動の費用に充てるとしている。地域コミュニティ税に係る収納額に相当する額を、宮崎市地域コミュニティ活動基金（同基金の法的根拠は「宮崎市地域コミュニティ活動基金条例」）に積み立てることになっている。

◆金沢市集合住宅におけるコミュニティ組織の形成の促進に関する条例

この条例は、「集合住宅におけるコミュニティ組織の形成の促進について、その基本理念、集合住宅の住民、町会その他の地域団体、事業者及び市の役割、基本となる事項等を明らかにすることにより、集合住宅の住民を含む地域の住民相互の連帯意識を醸成するとともに、住民のまちづくりへの参画を促進し、もって良好な地域社会の形成に資すること」（第1条）を目的としている。

同条例は、「地域に住む人同士のつながりを大切にする」が制定背景となっている。そのためには、集合住宅の居住者や町会、地域団体などが主体になってコミュニティを形成する環境づくりが大切と認識している。そこで、この環境づくりを進めるため、同条例には様々なメニューがある。

例えば、推進施策として具体的にはコミュニティ組織の形成に対する支援という位置づけから、「コミュニティスペース賃借料補助」「コミュニティ活動推進用具購入補助の充実」などが盛り込まれている。

5 おわりに

総務省の「コミュニティ研究会」が2007年6月に発表した「コミュニティ研究会中間とりまとめ」によると、**衰退しつつあるコミュニティを再生させるために、地方自治体の一つの役割として、「自治基**

本条例」や「コミュニティ基本条例」の制定を挙げている。コミュニティを前面に出した条例でもよいし、伊賀市（三重県）のように、コミュニティ再生条例のエッセンスを自治基本条例にうたってもよいだろう。

　今日、コミュニティの衰退化により、多くの問題が登場している。その理由は、人々の価値観が多様化してきており、共通の目的を持つことが難しくなったからである。同時に人々の生活の24時間化が進展しているため、同じ時間に集まり、共通の行動をとることも困難となっている。これらの理由により、コミュニティが衰退しつつあるといわれる。

　確かに、以前と比較して現在のコミュニティは「弱く」なっているのかもしれない。しかしながら、「人と人のつながり」を放棄する状況にまでいっていないため、コミュニティの再生は十分に可能と考えられる。そして、この**コミュニティを再生させるためには、条例化などにより法的根拠を明確にして、施策や事業を恒常的かつ計画的に進めていく必要がある**と考えられる。

第11章 自治基本条例

1 はじめに

今日、地方自治体において自治基本条例[1]の制定が相次いでいる。2000年、ニセコ町（北海道）は、わが国初の自治基本条例である「ニセコ町まちづくり基本条例」を制定した。同条例の目的は、「ニセコ町のまちづくりに関する基本的な事項を定めるとともに、まちづくりにおけるわたしたち町民の権利と責任を明らかにし、自治の実現を図ること」（第１条）と明記されている。

同条例は、「情報共有」と「住民参加」を車の両輪に同じと考え、一体のものとして、まちづくりのための重要な原則を定めている。また、同条例の第55条には、「他の条例、規則その他の規程によりまちづくりの制度を設け、又は実施しようとする場合においては、この条例に定める事項を最大限に尊重しなければならない」と明記され、ニセコ町の最高規範という位置づけとなっている。このことから、**自治基本条例は地方自治体の憲法**と称されている。

ニセコ町をきっかけにして、多くの地方自治体で様々な自治基本条例が登場しつつある。例えば、地方自治体の行政の組織や運営について定めた行政運営条例であったり、自治体政策への住民参加手続きなどに特化した住民参加条例、又は地方自治の本旨など自治やまちづくりの理念を定めたまちづくり理念条例がある。

さらに、地方自治体の基本理念や運営原則、住民参加手続きなどを

Reference
[1] 自治基本条例の名称のほかに、まちづくり基本条例や行政基本条例など、様々な呼称があるが、本章では「自治基本条例」に統一する。

総合的に規定し、他の条例より優位性を規定した総合的な自治基本条例など、多岐にわたっている[2]。そして、今日においても、自治基本条例を制定しようとする潮流はとどまることをしらない。地方自治体は、相次いで自治基本条例を制定しようとしている。

以上を背景にして、本章は自治基本条例の経緯と意義などの視点から考察する。ただし、自治基本条例は現在進行形で、しかもダイナミックに動いているため、その概要を把握することさえ難しい。そこで、本章は問題提起の意味を持ちつつ、概略的にまとめてみたい。

2 自治基本条例の経緯と背景

◆自治基本条例誕生までの経緯

2000年に突如として、ニセコ町で自治基本条例が現れたわけではない。その動きはかなり以前からあった。例えば、1972年の「川崎市都市憲章条例案」がある。同条例案には、平和都市・人間都市の宣言や、知る権利や環境権、さらに住民投票制度の創設などが盛り込まれていた。今日の自治基本条例の要件をほぼ備えている条例案であった。

また、同条例案第60条は、「この憲章は、川崎市の最高条例であって、市長等および事業者等は、市民とともにこの憲章を尊重し擁護する義務を負う」と明記され、憲章（同条例）の最高性を規定し、先進的な内容であった。しかしながら、議会で否決され廃案となった。

Reference

[2] 自治基本条例と、「まちづくり条例」「行政基本条例」「住民参加条例」を厳密に分ける場合がある。例えば、「まちづくり条例」は景観形成や建築物・土地利用の制限など、地域の物的環境整備を目標とした条例であり、ハード系の条例に使われる名称とする。また、「行政基本条例」は、行政の運営に関わる事項に焦点を絞り、行政と住民の関係を定めたものであり、自治基本条例との違いは、議会に関する責務や運営事項を規定していない点にあるとする。そして、「住民参加条例」は行政活動への市民参加に焦点を絞り、住民参加の制度などを定めたものであり、自治基本条例では、その基本原則を規定し、それを個別具体化したものが「住民参加条例」になる。

第11章　自治基本条例

　次は、1992年の「逗子市都市憲章条例一試案」である。同条例案の第34条は、「本憲章は、逗子市政にとっての基本原理を定めた条例（基本原理条例）であるという意味において、市のすべての自治立法等に対し、優先する法的地位を有する」と明記され、逗子市における同条例案の最高法規制をうたっている。しかしながら、同条例案も1994年の選挙で新市長が当選したことにより方向性が転換し、同条例案の検討・研究は凍結された。

　1996年には、『群馬県自治基本条例の制定推進・政策研修報告書』の中で、「群馬県自治基本条例素案」という名称が使用されている。しかし、内部的な研究の公表にとどまり、条例化されることはなかった。そして、2000年に「ニセコ町まちづくり基本条例」が誕生し、全国初の自治基本条例となる。このニセコ町まちづくり基本条例が起爆剤となり、その後、相次いで自治基本条例が誕生していく。

　図表31は、2004年に社団法人地方行財政調査会が実施した「都市の自治基本条例に関する調べ」である。ニセコ町の条例が登場してか

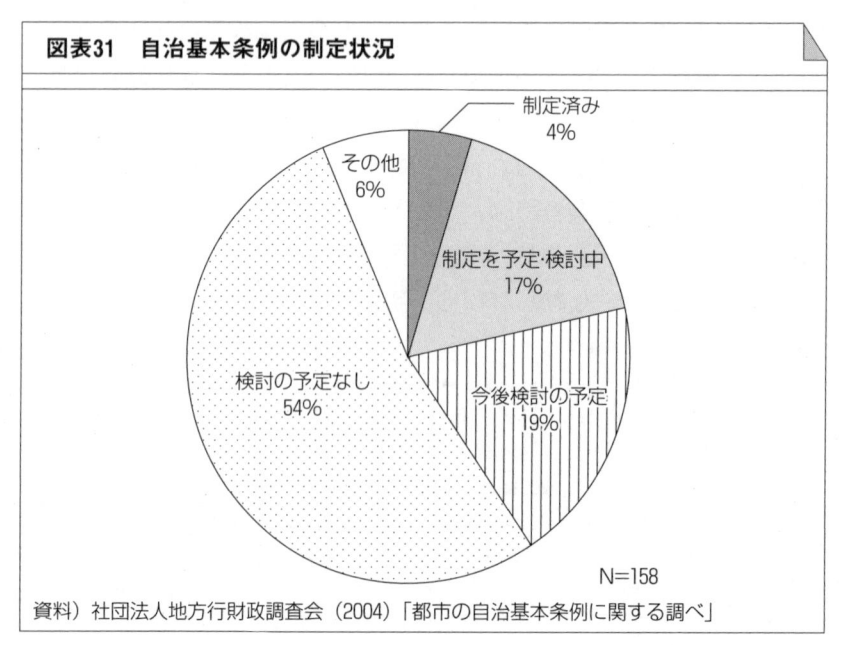

図表31　自治基本条例の制定状況

- 制定済み　4%
- 制定を予定・検討中　17%
- 今後検討の予定　19%
- 検討の予定なし　54%
- その他　6%

N=158

資料）社団法人地方行財政調査会（2004）「都市の自治基本条例に関する調べ」

ら、わずか4年間で、約40％の地方自治体が自治基本条例の制定に動いており、活発化していることがうかがえる。

◆自治基本条例の背景

既存の自治基本条例から、制定の背景を探る。まずは、地方自治体を取り巻く時代の大きな変化が影響していることが、制定の一要因となっているようだ。例えば、急激な少子高齢化や財政状況の悪化により、危機的な行政運営がある。また、地方自治体に対する住民ニーズの多様化と多発化、高度情報化社会の到来などが挙げられる。その他、従来の思考では予測できなった事象が相次いで、地方自治体を襲っている。

現代は変化の時代である。この時代においては、「前はこうだったから、今もこうだろう」と考えることができない。その結果、地方自治体の存在意義が「ぶれる」可能性が少なくない。そこで、**地方自治体の原点やよりどころとして自治基本条例を制定する**という一つの背景がある。

また、国からの地方分権が相次いで実施されることにより、地方自治体に劇的な変化をもたらしていることも要因である。特に2000年の地方分権一括法の施行に伴い、中央集権から地方分権へ移行しつつある。その結果、地方自治体の権限が大幅に拡充しつつある。まずは団体自治が必要とされ、次いで住民自治の実現も求められつつある。そのような現状の中で、**自治基本条例を一つの手段（しかも強力な手段になりえる）として地方自治を革新していき、そして地方自治体を再設計しようとする一つの意図もある。**

地方自治体によって、自治基本条例を必要とする個々の事情は異なると思われる。しかし、多くの地方自治体に共通していることは、自治基本条例は「地方自治体としてのよりどころ」（「その地方自治体のDNA」とも換言できる）と「地方自治体を再設計しようとする試み」が、制定する背景にあると考えられる。

3 自治基本条例の意義と効果

◆自治基本条例の意義

　自治基本条例の意義は、「だれがみても明らか」ということは少ない。また、その意義は主体者によって異なるものである。一方で、効果はすぐに明確になるものではない。それは時間をかけて、ゆっくりと現れるものである。まずは自治基本条例の意義を言及する。一般的に指摘されていることは、次の３点である。

　第１に、自治基本条例で理念や基本原則を明文化することで、地方自治体の恣意性を排除することが可能となる。すなわち、大局的視野に立った計画的な自治体政策が実現される。

　第２に、条例化することで、継続性を維持することができる。もし首長が交代しても、議会が自治基本条例を改正・廃止しない限りは、同条例で規定している理念や基本原則は継続される可能性が強い。

　第３に、自治基本条例の中心に分野別条例を構成することができる。つまり、自治基本条例を道標として、既存の条例を系列立てて再編成することができる。そのため縦割行政を排し、施策が体系化されるという効果を生む。

◆自治基本条例の効果

　自治基本条例の効果は、定量的に把握することは難しい。定性的な見地から検討すると、自治基本条例は住民の意識を変革することにつながる可能性がある。また、地方自治体の存在意義を改めて確立する意味もある。今日、定性的な自治基本条例の効果として、北海道行政基本条例研究会は、次の４点を指摘している。

　第１に、住民にとっては、地方自治体の行政の仕組みや原則が明確になり、住民参加が促進される。

　第２に、職員にとっては、自治体政策のルールが明確になり、政策

の質が高まる。

第3に、市長にとっては、自治基本条例という行政運営のルールを通じて、行政をコントロールすることが可能になる。

第4に、議会にとっては、自治基本条例が行政活動のチェックリストになり、行政の監視権限が高まる。

4 自治基本条例の概要

◆目的

図表32は、それぞれの自治基本条例の目的規定である。既存の自治

図表32　各自治基本条例の目的規定

条例名	制定年	目的
ニセコ町まちづくり基本条例	2000年	この条例は、ニセコ町のまちづくりに関する基本的な事項を定めるとともに、まちづくりにおけるわたしたち町民の権利と責任を明らかにし、自治の実現を図ることを目的とする。
大和市自治基本条例	2004年	この条例は、前文に掲げた自治の基本理念（以下「自治の基本理念」という。）にのっとり、本市における自治の基本原則並びに市民の権利及び責務、市議会及び市長の責務並びに行政運営の原則を定めることにより、自治の進展を図り、もって自立した地域社会を実現することを目的とする。
中野区自治基本条例	2005年	この条例は、中野区の自治の基本原則を明らかにするとともに、区民の権利及び責務並びに区議会及び執行機関の責務等、行政運営及び区民の参加の手続等の基本的な事項について定めることにより、区民の意思を反映させた区政運営及び区民の自治の活動を推進し、もって安心して生き生きと暮らせる地域社会を実現することを目的とする。
名張市自治基本条例	2005年	この条例は、名張市における自治の基本理念と主権者である市民の権利を明らかにするとともに、市民、市議会及び市の果たすべき役割や市政運営の仕組みを定めることにより、地方自治の本旨に基づく自治を実現し、自立した地域社会を創造することを目的とする。
吹田市自治基本条例	2006年	この条例は、本市における市民自治の基本理念及び市民自治の運営原則を定め、市民、議会及び市長その他の執行機関のそれぞれの役割を明らかにするとともに、市民自治の運営原則に基づく制度等の基本を定めることにより、市民福祉の向上のため、市民自治の確立を図ることを目的とします。

基本条例の目的規定には、「まちづくりの基本理念や基本的な考え方を明らかにする」「行政運営の基本原則を定める」「行政運営への参画や協働の仕組みを示す」「住民の権利と責務などを明らかにする」「市民、議会、執行機関の役割を明確化する」などが明記されている場合が多い。

これらの規定をまとめると、自治基本条例は、「自治の基本原則を明らかにし、住民の権利や責務、また議会や執行機関の責務などの基本的な事項を定めることにより、住民の意思を反映させた行政運営を実施し、住民福祉の向上を目指して、彩りあざやかな地域社会を実現すること」が目的となっている。

◆規定

自治基本条例には、その地方自治体における自治の基本原則や行政

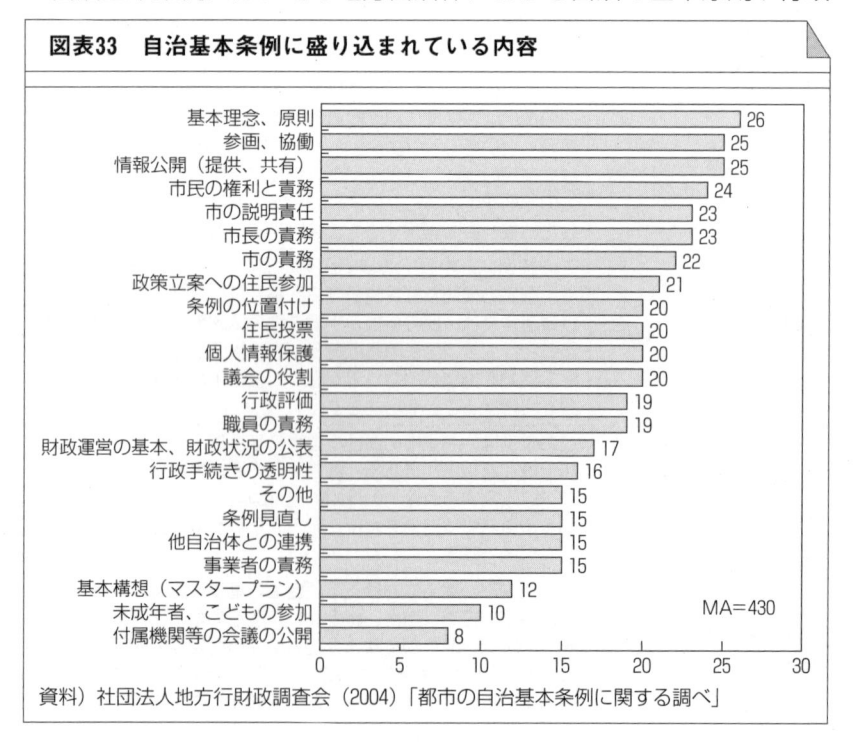

図表33　自治基本条例に盛り込まれている内容

項目	件数
基本理念、原則	26
参画、協働	25
情報公開（提供、共有）	25
市民の権利と責務	24
市の説明責任	23
市長の責務	23
市の責務	22
政策立案への住民参加	21
条例の位置付け	20
住民投票	20
個人情報保護	20
議会の役割	20
行政評価	19
職員の責務	19
財政運営の基本、財政状況の公表	17
行政手続きの透明性	16
その他	15
条例見直し	15
他自治体との連携	15
事業者の責務	15
基本構想（マスタープラン）	12
未成年者、こどもの参加	10
付属機関等の会議の公開	8

MA=430

資料）社団法人地方行財政調査会（2004）「都市の自治基本条例に関する調べ」

の基本ルールなどが定められる。そして、各条例の最高位に位置することから、「自治体の憲法」と表現されている。そのため、自治基本条例に規定される内容は実に幅広い。図表33は自治基本条例に盛り込まれている内容である。

図表33の社団法人地方行財政調査会が実施した「都市の自治基本条例に関する調べ」によれば、自治基本条例に書き込まれる規定は、「基本理念、原則」が最も多い。次いで、「参画、協働」「情報公開（提供、共有）」「市民の権利と責務」「市の説明責任」「市長の責務」という順序で続いていく。

◆住民の定義

図表34は、自治基本条例における住民の定義規定を示したものである。既存の自治基本条例は、広義の住民を指す場合が多い。つまり、地方自治法上の「市町村の区域内に住所を有する者」（地方自治法第10条）という住民に加え、通勤や通学などの交流人口も住民として捉える傾向が強まっている。また、法人も住民として対象としている自治基本条例がある。

図表34　各自治基本条例の住民の定義

条例名	制定年	定義
大和市自治基本条例	2004年	市内に居住する者、市内で働く者、学ぶ者、活動するもの、事業を営むもの等をいう。
伊賀市自治基本条例	2004年	市内に在住、在勤又は在学する個人及び市内で活動する法人その他の団体をいう。
名張市自治基本条例	2005年	市内で住む者、働く者若しくは学ぶ者、市内に事業所を置く事業者又は市内で活動する団体をいう。
札幌市自治基本条例	2006年	この条例において「市民」とは、市内に住所を有する者、市内で働き、若しくは学ぶ者及び市内において事業活動その他の活動を行う者若しくは団体をいう。
吹田市自治基本条例	2006年	市内に住み、通勤し、若しくは通学する者又は市内に事業所を置き事業活動その他の活動を行う者若しくは団体をいいます。

ちなみに、「ニセコ町まちづくり基本条例」や中野区（東京都）の「中野区自治基本条例」には、住民の定義規定はない。その場合は、地方自治法上の「市町村の区域内に住所を有する者」に限定することが妥当と思われる。

◆宣言と憲章の違い

　地方自治体には、「安全都市宣言」「平和都市宣言」などの宣言がある。これら宣言は、何か特定のテーマに関する地方自治体の姿勢を内外にアピールするものである。宣言は、住民に対して権利や具体的な制度に言及していない。しかし、自治基本条例は、道徳的や日常的行動規範の内容を規定として明記し、住民に求める場合がある。この点が自治基本条例との違いである。

　この宣言は、議会において「決議」という形式で実施される。決議は、議会の意思を対外的に表明するために行われる議会の議決のことである（議会を通して地方自治体の総意となる）。

　決議の内容は、地方自治体の公益に関することについて、広範な問題も可能で、前述した「安全都市宣言」「平和都市宣言」などがある。なお、意見書[3]と違って法的な根拠はない。

　一方で、「憲章」についても言及する。この憲章も宣言とほぼ同じ内容である。憲章は、住民の心構え、自主的行動の規範として、道徳や生活規範についての住民の心のよりどころに位置づけして制定している。自治基本条例に類似したものとして、地方自治体は既に「まちづくり憲章」などを制定している場合が多い。

　この憲章は、住民に対し一定の道徳的や日常の行動規範の行為を求

Reference

[3]　意見書は、地方自治体の公益に関することについて、議会の意思を意見としてまとめた文書のことを指す。地方自治法第99条には、「普通地方公共団体の議会は、当該普通地方公共団体の公益に関する事件につき意見書を国会又は関係行政庁に提出することができる」と規定されている（法的根拠）。具体的には、議員が発案して本会議に諮り、議長名で関係機関に提出する。

めることはあっても、自治基本条例のように住民の権利や具体的な制度に言及していない。ここに憲章と自治基本条例との違いがある。

5　自治基本条例の動向

　昨今の自治基本条例は、文体を、従来の「である」体から「です・ます」体に変え、住民に親しみやすい表現にしている事例が増加している。例えば、入間市、多摩市、草加市などが該当する。

　また、我孫子市は自治基本条例が議会で否決された（2006年12月議会）。自治基本条例は、「条例」という形になるよりも、その制定までの過程に意味があると思われる。その過程を通して、地方自治体の利害関係者（住民や事業者、市民公益活動団体など）の合意を形成していくことで、その地方自治体のアイデンティティーを確立している意味も持っている。その意味では、拙速な自治基本条例は否定されてもよいと思われる。

　ここでいう拙速とは、「利害関係者が納得しない場合」という意味であり、納得するまで議論や意見交換を積み重ねる必要があると思われる。

　さらに、昨今では特に意味もなく自治基本条例を制定しようとする動きが少なくない。「何となくブームに乗り遅れてはいけない」という思いが、**自治基本条例の制定に向かわせると思われる。このような考えは危険である。自治基本条例の制定を考えるときは、「自治基本条例を作らない」**ことも視野に入れて進める必要があるだろう。

6　おわりに

　一般的に、自治基本条例は住民や地方自治体の役割や責務、住民参加を実現するための具体的な仕組みや、地方自治の本旨を実現していくため公共社会の創造の仕組みなどを内容としている。繰り返すが、**まちづくりの基本原理や行政運営の基本ルールなどを定めた地方自治体の最高法規**である。特に、条例という形で**法的根拠を持たせること**

に意義がある。

　地方自治体が国と比較した上で優位性があることは、「住民に近い」ということである。その意味でも、住民の意向をくみ入れながら、時間をかけて自治基本条例を検討していく必要がある。その過程で「自治基本条例は必要ない」となっても、それは立派な成果であると思われる。どこまでいっても住民に拠点をおき、自治基本条例を検討していくことが大事と考える。

第Ⅲ部
政策開発の思想

　本書を終えるに当たり、今まで本書に書き込めなかったことを「補論」という位置づけで記したい。

　まずは、政策条例を検討するに当たり、筆者が「書き込んでおいたほうがよい」と考えている規定を紹介する。

　次いで、本書を手にとられている読者の中には、地方議員も少なくないと思われる。そこで、地方議員の一つの特権である「政務調査費」の現状と方向性を記す。

　そして最後に、地方分権の時代において、彩りあざやかな地域の実現を目指し、強い意思を持ち、積極的に条例立案や政策立案などを行っていくだろう読者に対して、筆者が常に抱いている政策開発の視点を言及し、本書を終えることにする。

1　政策条例に書き込みたい規定

　筆者が勧める政策条例に書き込んでおきたい規定は、大きく5つある。それは、①見直し規定、②財源根拠規定、③規則等委任規定、④協議会等設置規定、⑤行政計画等策定規定、である。この5つの規定は、できることならば、どの政策条例にも書き込んでおきたい[1]。以下では、この5つの規定を簡単に説明する。

◆定期的に条例をブラッシュアップ〜「見直し等規定」

　　　　　附　則
（施行期日）
1　この条例は、平成※年◇月〇日から施行する。
（見直し）
2　この条例は、その運用状況、実施効果等を勘案し、第※条に規定する目的の達成状況を評価した上で、この条例施行の日以後5年ごとの見直しを行うものとする。

　今日の地域社会は、年ごとに時代の進む速度が勢いを増している。

Reference
[1]　個別具体的な課題解決を目的とした政策条例には、それぞれに対応した規定がある。例えば、犯罪被害の防止を目的とした政策条例（生活安全条例）であるならば、「犯罪防止のための空き地等の適正管理」（見出し）という規定を書き込んでおきたい。そして、同規定の条文は「第〇条　空き地又は空き家を所有し、又は管理する者は、当該空き地又は空き家について、犯罪を防止するため出入口の施錠、柵の設置、草刈りその他必要な措置を講ずるよう努めるものとする」である。
　これは、「割れ窓理論」（Broken Windows Theory）に基づいた規定である。この割れ窓理論とは、軽微な犯罪も徹底的に取り締まることで、凶悪犯罪を含めた犯罪を抑止できるとする環境犯罪学の見解である。この理論は、「建物の窓が一枚壊れているのを放置すると、誰も注意を払っていないという象徴になり、やがて他の窓もまもなく全て壊される」との考え方である。

特に最近では、「ドッグイヤー」ではなく、「マウスイヤー」の速さで進んでいるといわれる。マウスの1年は人間の18年に相当する。このことから、マウスイヤーとは従来の18倍の速さで世の中が変化しているという意味である（ちなみに、ドッグイヤーは7倍となる）。

　このように、**時代が大きく動いている中で、一度、政策条例を制定・施行すれば「終わり」ということにはならない。ある意味、政策条例が実現してからが本番（真価が問われる）**とも指摘できる。今後は定期的に政策条例を点検しブラッシュアップしないと、その政策条例は時代遅れになる可能性がある。

　そして、時代遅れの政策条例は、住民福祉の増進に貢献しないかもしれない。それを防ぐ意味として、筆者は「見直し等規定」はあった方がよいと思っている。

　特に議員提案政策条例の場合には、この「見直し等規定」は必須と考えている。この点について、再度言及すると、①まず「ある政策課題（例えば、近親者虐待や犯罪被害の防止など）は緊急性を要するために、とりあえず議員提案により政策条例をつくって対処しましょう」という考えにより、政策条例を提案する。②そして「もし提案した政策条例に不備があったら、『見直し規定』に基づき、政策条例を定期的に加筆・修正などして改善（ブラッシュアップ）しましょう」という考えである。

　もし、議員が提案した政策条例に「見直し等規定」がなく、実現した政策条例に間違いが見つかった場合は、わざわざその政策条例の改正条例を提案しなくてはいけなくなる。これは、意外に根回しや関係機関への調整などが面倒であったりする。また、改正条例が必ずしも成立するとは限らない。それならば、はじめから「見直し等規定」を入れて、何年後かに定期的に見直すことを確保しておいた方がよいだろう。

　さらに言えば、定期的に政策条例をチェックしていくことは、自治体職員の政策法務を含んだ法務能力の向上にもつながる。その意味で

も、「見直し等規定」を書き込むことは、よい効果が伴うだろう。この「見直し等規定」については、第 2 章で紹介しているため、再度、そちらも参照してほしい。

◆施策・事業の予算が確保する手段〜「財源根拠規定」

> （財政上の措置等）
> 第※条　市は、この条例の目的を達成するため、必要な財政上の措置その他の措置を講じなければならない。

　政策条例が結実しても、その政策条例に基づく施策や事業が展開されなくては、大きな効果は現われない。その施策や事業を実施するためには、少なからず「財源」（費用）が必要である。しかし、様々な理由（特に政治的判断）により、施策や事業に予算がつけられない事態もあるかもしれない。それならば、「はじめから政策条例に財源確保を目的とした規定を入れておけばいい」という単純な発想である。

　地方自治体が実施する施策や事業は、必ず法的根拠に基づいて実施される。そこで、政策条例に財源根拠規定を設けておくことにより、予算が 0 円という事態は避けられるだろう[2]。

　ここでいう「財政上の措置等」（見出し）の意味とは、施策や事業を推進するために、必要な予算案の作成と議会への提案、議会による予算の議決、また、執行機関による予算の執行などの一連の行為を指す。そして、一連の行為の後、施策や事業を推進するために執行機関が財政上配慮する意味である。

Reference
［2］　しかし、反対解釈の視点から考えれば、この規定（財源根拠規定）があることにより、少しでも予算がつけばいいことになる。その場合は、予算が 1 円しかつけられないこともありえる。しかし、施策や事業を実施する予算が 1 円というのは、通常の思考で考えればナンセンスであり、そのような予算をつけた者（最終的には首長）の見識を疑ってしまう。

なお、条文にある執行機関が「財政上の措置を講じる」の意味とは、特定の者に財政的請求権その他の請求権を付与するものではない。また、条文にある「その他の必要な措置」とは、法制上の措置などを意味している。条文には「……等」や「その他……」と書き込むことにより、条例解釈の弾力性（事情や状態に応じるために自在に変化できる力）を担保しておく傾向がある。

特にこの**財源根拠規定は、議員が提案する政策条例の中に書き込んでおきたい。なぜならば、首長には財政権（予算措置）があるが、議員には担保されていないからである。**そのため、議員が提案した政策条例が制定・施行されても、予算が確保されず、何も施策や事業が実施されない場合が少なくない。

議員提案政策条例に基づく施策や事業を確実に実施していくためには、財政上の裏づけが必要である。そこで、政策条例の一規定に「財政上の措置等」を設け、必要な予算措置を確保することを勧めたい[3]。

M研究員のメモ

その質問「more more」じゃない？

議会において、議員の執行機関への質問の多くが「more more」的な内容である。つまり、「もっともっと」的な質問である。具体的には「××をやったらどうですか」や「○○を拡充する気はないのですか」という要望である。

Reference

[3] この規定があるのにもかかわらず、様々な政治的判断により、事業や施策の予算が「０円」のことも想定される。そのときは、議員は執行機関に対して「第※条に『財政上の措置』が規定されているのにもかかわらず、予算が０円というのはおかしいのではないか」と、議会などの公式の場で質問すればよい。この質問ができる状態にしておくためにも、財源根拠規定はあった方がよい。

確かに、何かしらの問題を解決するためには、必要な施策や事業の提案はやむを得ない。その結果、「more more」になってしまうと思われる。

現在、執行機関は財政難に直面しており、議員から「more more」的な要望があると、既存の施策や事業を削減・廃止しなくてはいけない。しかしながら、そう簡単に既存の施策や事業を廃止することはできない（単に担当者が廃止する自信（勇気）がないのかもしれない）。そのため、執行機関は既存の全事業を一律に10％とか削減して、議員から提案のあった「more more」的な事業を実施するための予算を確保することになる。この傾向は、（あまり）よいとは思えない。

そこで、筆者からの要望である。もし議員が「more more」的な質問をするのならば、その「more more」的質問と一緒に、次の3点のうち、どれか1点以上をかませて質問してほしい。

①必要のない施策や事業の廃止を求める。
②ゼロ予算事業を提案する。
③地方自治体（執行機関）がお金を稼ぐ手段を提案する。

まずは①について言及する。次のような感じで質問することを想定している。それは、「××事業は、○○という数字をみると、既に成果を上げていると考えられる。そこで、廃止したらどうだろうか。一方で、現在は、□□の問題が浮上しているため、△△という事業を新たに実施したらよいのではないか」である。

ここでの質問のポイントは、2段階に流れていく。①既存の事業が大きな成果を上げているため、根拠を示して「現段階では必要ではない」という事実を強調する。つまり、既存事業の中で不必要な事業の廃止を求める。その後で、②議員が必要と思っている「more more」的な事業を提案する。

また、執行機関も議員から「××事業は必要ない」と指摘されれば（その事業が、本当に役割を終えているならば）、前向きに事業廃止を検討するだろう。そして、議員の提案する事業を採用すると思われる。

次に②である。議員が提案する「more more」的事業でも、予算が「0円」で済みそうな事業を提案する。この「0円事業をいくつ提案できるか」が、議員の政策立案能力にかかっている。

最後に③である。それは、「○○という問題があり、それを解決するた

めに、××という取り組みを実施したらどうだろうか。もちろん新規事業を始めると、予算が必要になるから、□□という手段で、予算を創出したらどうだろうか」みたいな感じで質問する。

　予算を創出する手段を、政策条例の視点から例示する。例えば、政策条例の中に「税制上の措置」を追加し、条文として「第※条　市は、×××に関する施策に要する経費の財源を確保するため、課税について必要な措置を講ずるものとする」と書き込む。つまり、法定外税の提案であり、ここから財源を確保することが考えられる。

　あるいは、政策条例として「△△△基金条例」を制定し、そこでの基金を新規事業に充てることも考えられるだろう。

　これからの議会質問は、「more more」的だけではダメと思っている。議員が「more more」的事業を提案するときは、同時にその事業を実施するための必要な予算の根拠なども示さないといけないだろう。

◆条例の弾力性を確保する手段～「規則等委任規定」

（規則等への委任）
第※条　この条例の施行に関し必要な事項は、規則等で定める。

　条例が持つ性質として、一般的・抽象的な文言にならざるを得ない。再度、条例を抽象的に書き込むことについて、新藤宗幸・千葉大学法経学部教授の言葉を記しておきたい。

　新藤氏は、「もともと法律は、社会的規範として力をもつために、一定の抽象度を備えていなくてはなりません。つまり、あらゆる事態に備えて詳細に規定したのでは、なにか新しい事態が生じると、たちまちのうちに規範としての意義を失います。そうかといって、きわめて抽象度の高いものとしたならば、いかようにも解釈ができ、規範としての意義をもちません。そこで、適度の抽象性を備えた法律の下位

には、個別の事態に対応するために執行のための細則が順次定められていきます」[4]と述べている。

　もちろん条例の中でも、規定（項目）によっては、具体的な記載がよい場合もあるだろう。それでも全体的には条例は抽象的な表記とし、一方で個別具体的な取り組みについては、規則や要綱で規定した方がよい。

　条例に多少なりとも自由度があった方が、ダイナミズムを生じさせることにつながる。そこで、この「規則等委任規定」を書き込んでおく必要がある。すなわち、条例では抽象的に書き込み、議会での議決が必要のない規則や要綱で具体的に明記していくことで、条例の弾力性を保持しておく。この弾力性の保持は実効性の確保にもつながる。

　特に、議員が政策条例を提案する際は、執行機関の関わりを残しておく意味で、「規則等への委任」を設けておくとよい。議員は大局的な視点から政策条例を大きく描く[5]。そして、実際に施策や事業を実施していく自治体職員（執行機関）は、規則や要綱により現場に即した施策や事業を書き込んでいく。この役割分担が、議員が提案する政策条例を成功させる一つのポイントと考えられる。

◆条例のチェック機能〜「協議会等設置規定」

> （協議会の設置）
> 第※条　安心・安全なまちづくりに関する重要事項を協議するため、○○○市安心・安全なまちづくり協議会（以下「協議会」という。）を置く。

Reference
[4]　新藤宗幸（1998）『行政ってなんだろう』岩波書店
[5]　詳細は、次の文献を参照されたい。
　牧瀬稔（2008）『議員が提案する政策条例のポイント〜政策立案の手法を学ぶ』東京法令出版

2 協議会は、前項に規定する協議のほか、基本理念に基づく安心・安全なまちづくりに関し、市長に対し意見を述べることができる。
3 協議会の委員は、次に掲げる者のうちから市長が委嘱する委員12人以内をもって組織する。
　(1) 公募による市民
　(2) 事業者
　(3) 団体関係者
　(4) 学識経験者
　(5) 関係行政機関の職員
　(6) その他市長が必要と認める者
4 委員の任期は、2年とする。ただし、補欠の委員の任期は、前任者の残任期間とする。
5 委員は、再任することができる。
6 前各項に定めるもののほか、協議会の運営に関し必要な事項は、規則で定める。

　筆者は、協議会の役割は3点あると考えている。それは、①「市意向後押型」、②「政策提案型」、③「条例チェック型」である。以下、それぞれについて説明する。

① 市意向後押型
　執行機関が実施しようとする政策（施策・事業）について、既に執行機関には具体的な青写真がある。そして、その青写真を協議会でチェックする形態である。つまり、条例でうたっている政策に関して、事務局案を協議会の場で提示する。そして、協議会が議論・検討し、承認するというパターンである。この形態は、執行機関の意向を協議会が後押しをするという意味を持っている。

② 政策提案型
　これは事務局案がほとんどなく、事務局と協議会がゼロから条例で

うたわれている政策を議論して創り上げていく形態である。ここでは、協議会は政策立案機関としての役割が求められている。この場合は、議論が白熱し、なかなか着地点をみない場合が多いので、最低でも1～2年間の期間は必要と思われる。

③ 条例チェック型
　この形態は「見直し規定」とリンクされる場合が多い。見直し規定とは、「この条例は、その運用状況、実施効果等を勘案し、第※条に規定する目的の達成状況を評価した上で、この条例施行の日以後5年ごとの見直しを行うものとする」という条文である。つまり協議会で条例を精査する。そして、条例の中に必要のない規定がある場合は、見直しの時期になったら削除する。一方で、新しく必要と考えられる規定は、条例の中に新規で追加する。

　このように協議会の役割は3点ある。いずれにも共通していることは、**協議会が条例そのものや、条例に基づく施策や事業をチェックすることで、条例の実効性を担保しようとしていること**である。また、協議会には「正しく条例が運用されているか」という監視機能もある。
　なお、「協議会」という表現は地方自治体により異なり、「審議会」や「懇話会」などとも称される。そして、この協議会は地方自治法第202条の3における附属機関が採用される場合が多い。

M研究員のメモ

附属機関とは何か
　地方自治法にみる附属機関とは、審査や調査、計画策定などを行う審議会や委員会などの機関のことを指す（地方自治法第202条の3）。この場

合は、法律や条例に基づいて設置される。

　一方で、附属機関と同様の目的を持って、執行機関の各部門が独自に制定した要綱などに基づいて設置された機関は、通常は「附属機関」とはいえない。そのような組織は附属機関に似ていることから、「類似機関」や「私的諮問機関」と称する地方自治体もある。

　次に、地方公務員法から附属機関を確認すると、地方公務員法第3条第3項第2号の「法令又は条例、地方公共団体の規則若しくは地方公共団体の機関の定める規程により設けられた委員及び委員会（審議会その他これに準ずるものを含む。）の構成員の職で臨時又は非常勤のもの」として扱われる。

　一方で、要綱により「類似機関」や「私的諮問機関」として設置される場合は、同法同条同項3号の「臨時又は非常勤の顧問、参与、調査員、嘱託員及びこれらの者に準ずる者の職」として扱われることになる。

　一般的に、附属機関は執行機関を補佐する役割が強い。しかし、附属機関をあえて執行機関から独立性を高めるために、附属機関の構成員（委員）を議会の同意を得て首長が委嘱するということもある。このような過程を経ることで、附属機関は首長（執行機関）からある程度独立した存在となる。

◆条例の実効性を確保する～「行政計画等策定規定」

（基本計画の策定）

第※条　市長は、安全・安心なまちづくりに関する総合的な施策を計画的に推進するための基本計画（以下「基本計画」という。）を策定するものとする。

2　基本計画には、次に掲げる事項を定めるものとする。
　(1)　安全・安心なまちづくりに関する基本的事項
　(2)　安全・安心なまちづくりの推進のための施策に関する事項
　(3)　その他安全・安心なまちづくりの推進に関し必要な事項

3　市長は、基本計画を策定するに当たっては、あらかじめ市民等の意

見を反映することができるよう必要な措置を講じるものとする。
　4　市長は、基本計画を策定したときは、これを公表するものとする。
　5　前2項の規定は、基本計画の変更についてこれを準用する。

　筆者が、この「基本計画の策定」を政策条例に書き込んだ方がよいと考える理由は3点ある。
　第1に、一般的に政策条例の条文は具体的な事項を書き込まない。そこで、行政計画を策定し、その行政計画の中に具体的な数字や施策・事業を書き込んでいくことがベストと考えるからである。
　第2に、政策条例と行政計画の両輪を用意し、政策展開を行っている方が、大きな善の効果を生じさせている傾向が見られるからである。ここでは一つの事例として、犯罪被害の減少を目指した「生活安全条例」を挙げておく。
　まずは「生活安全条例」を制定して、同条例を犯罪被害の減少を目指した施策や事業の法的根拠とする。次に、犯罪被害の減少を目的とした「生活安全計画」という行政計画を策定し、具体的な数字を明記する。この計画に明記された具体的な数字は、行政評価の対象となる。そこで、担当課は行政評価の指標をよくするために、今まで以上に施策や事業を一生懸命に実施する傾向が見られる。そのことが一つの要因となり、犯罪被害が減少していくことになる。このことは生活安全の行政分野だけではなく、交通安全や食の安全安心などでも、共通して見られることである。
　第3に、政策条例を制定することで、法的根拠を有するというメリットがある。しかし、政策条例だけでは、着地点がやや不明瞭で施策や事業を進めていくようなものである。その理由は、条例が持つ一般的・抽象的という性格による。そこで、政策条例に加え行政計画も存在すると、中・長期的な視点に立って施策や事業をより具体的に実施することができる傾向がある。このことも、何かしら問題解決に向けて目に見える大きな効果が出てくる。

なお、行政計画は単なる計画に終始するのではなく、具体的数字を示した行動計画の要素が強い方がよいだろう。また、より強固な行政計画にするためには、事前に調査研究は欠かせない。それならば、次の規定をセットで入れておいてもよいかもしれない。

> （調査研究）
> 第※条　市は、安全で安心な防犯まちづくりを効果的に推進するために、必要な調査研究等を行うよう努めるものとする。

以上、①見直し規定、②財源根拠規定、③規則等委任規定、④協議会等設置規定、⑤行政計画等策定規定（⑥調査研究規定）、の５つ（６つ）の規定を言及してきた。これらの規定は、できることならば、どの政策条例にも書き込んでおきたい。この５つの規定がある政策条例は、展開する行政行為の実効性が高まり、比較的よい成果を導出しているようである。

2　政務調査費の現状と方向性

次に政務調査費について言及したい。ここで主張したいのは、筆者の個人的な要望（見解）である。その結論をいうと、「政務調査費をもっと本来的な用件に使用してほしい」である。そして、具体的に言うと、「政務調査費は使って、この図書を購入してもらいたい」や「政務調査費を活用してシンクタンク（シンクタンク（政策研究機関）もたくさんあるが、筆者が勤務している財団法人地域開発研究所であると、なお嬉しい）と共同で調査研究をしてほしい」という主張である。

最近では、意識の高い議員は、政務調査費を本来の「政策調査研究」に使用する傾向が強くなりつつある。しかし、議員の中には相変わらず、政務調査費を「第２の給料」として捉えている者も少なくな

い。ここでは、政務調査費の現状を概観し、その方向性について検討したい（ここで論じる方向性とは、筆者の要望でもある）。

◆政務調査費とは何か

まず、政務調査費について説明する。2000年に地方自治法が改正され、地方議会の議員の調査研究に必要な経費の一部として、議会における会派又は議員に対して、「政務調査費」を交付することができることになった。

この政務調査費を定義すると、「地方議会の議員が政策調査研究などの活動のために支給される費用」である。政務調査費の法的根拠は、地方自治法第100条にある。

地方自治法　第100条

14　普通地方公共団体は、条例の定めるところにより、その議会の議員の調査研究に資するため必要な経費の一部として、その議会における会派又は議員に対し、政務調査費を交付することができる。この場合において、当該政務調査費の交付の対象、額及び交付の方法は、条例で定めなければならない。

15　前項の政務調査費の交付を受けた会派又は議員は、条例の定めるところにより、当該政務調査費に係る収入及び支出の報告書を議長に提出するものとする。

この政務調査費の使用用途について、ある市議会のホームページを見ると、調査研究費、研修費、会議費などに活用するものとしている（図表35）。

2008年に、社団法人地方行財政調査会が政務調査費についてアンケート調査を実施している。図表36は、市区議会における政務調査費の月当たりの平均交付額である。

また、都道府県議会の政務調査費の平均は月額約35万円となってお

図表35　政務調査費の使用項目

項　目	内　　容
調査研究費	議員が行う市の事務及び地方行財政に関する調査研究に要する経費（交通費・日当・宿泊費など）
研修費	会派、団体などが開催する研修会、講演会などへの議員の参加に要する経費（会費・交通費・宿泊費など）
会議費	議員が行う市政に関する住民の要望、意見を聴取するための各種会議に要する経費（会場費・機材借り上げ費・交通費・資料印刷費など）
資料作成費	議員が議会審議に必要な資料を作成するために要する経費（印刷・製本代、原稿料など）
資料購入費	議員が行う調査研究のために必要な図書・資料等の購入に要する経費（書籍購入代・新聞雑誌購読料など）
広報費	議員が行う議会活動や市政に関する政策などの広報活動に要する経費（広報誌・報告書等印刷費、送料、交通費など）
事務費	議員が行う調査研究に係る事務遂行に必要な経費（事務用品、通信費、使用料・賃借料など）

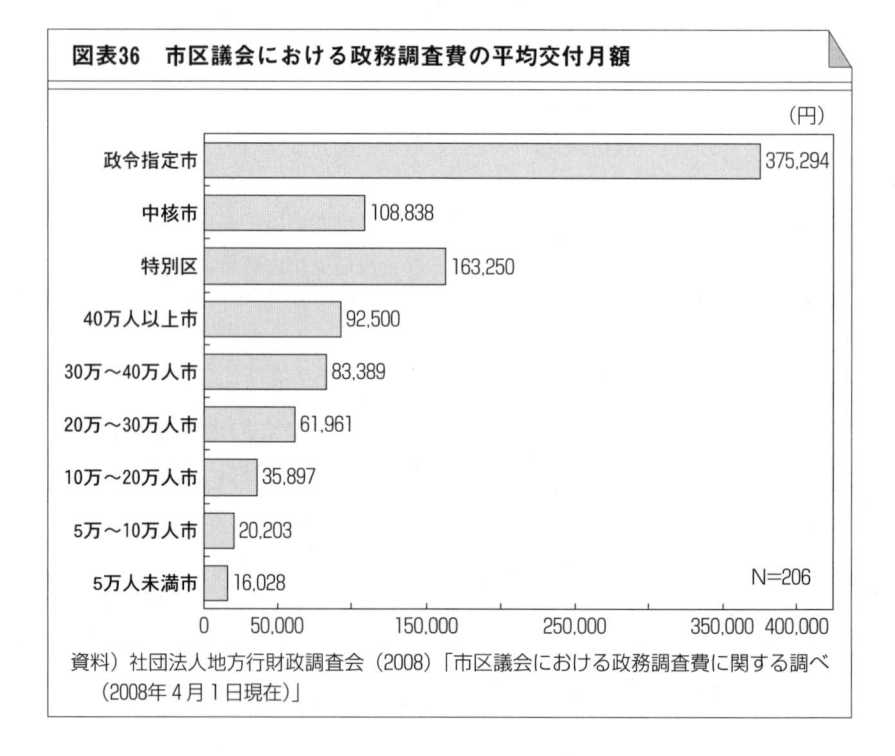

図表36　市区議会における政務調査費の平均交付月額

（円）

政令指定市	375,294
中核市	108,838
特別区	163,250
40万人以上市	92,500
30万～40万人市	83,389
20万～30万人市	61,961
10万～20万人市	35,897
5万～10万人市	20,203
5万人未満市	16,028

N=206

資料）社団法人地方行財政調査会（2008）「市区議会における政務調査費に関する調べ（2008年4月1日現在）」

り、最高は東京都の60万円（月額）、最低は沖縄県の25万円（月額）となっている（2008年4月1日現在）。実に多額の費用が政策調査研究費として支給されていることが分かる。しかし、この政務調査費が本来の趣旨から逸脱し、「第2の給料」として使われてきた過去があった。

◆政務調査費が論点となった「目黒区ショック」

　過去、必ずしも政務調査費が健全に使われてこなかった経緯がある。政務調査費の使用が論点となった一つの事例を紹介する。

　2006年12月に、目黒区の大多数の区議が政務調査費を不正に使用もしくは私的流用していると、オンブズマンが主張した。目黒区オンブズマンが、区議長とある会派の区議団に支給された2005年度の政務調査費約595万円が、使途基準に反しているとして返還を求めて住民監査請求を行った。この一連の事件は、（政務調査費の）「目黒区ショック」と称されている。

　その結果、区議団は不適切な支出を認め、約772万円を返還した上、区議団6名全員が辞職した。また区議長は約2万7,000円分の報告を修正し、議長職を辞任した。

　住民監査請求によれば、この区議団は、ガソリン代、洗車代、整備代をはじめ、研修費という名目で実際は「バス旅行」や「日帰り旅行」での食事代に政務調査費を使っていることが領収書から明らかになった。また、区議長は年賀はがき代やガソリン代に加え、腰当て用クッション代までも政務調査費を使っていることが判明した。

　この政務調査費の不健全な使用は、目黒区議会に限ったことではない。社団法人地方行財政調査会の「都道府県における政務調査費に関する調べ」によると、政務調査費に関する住民監査請求や訴訟・刑事告発は、増加傾向にあることが明らかになっている。例えば、岩手県、宮城県、神奈川県、長野県、京都府、大阪府、鳥取県の7府県においては、政務調査費の使用について、違法・不当と認定された事例

があった。その内容は、下記のとおりである。

・スナックでの飲食、登山用具の購入、運転代行料の支出など、請求の一部に不当な支出があるとして住民監査請求を受け返還勧告（岩手県）
・会派議員の親族を支部職員として雇用し、その給与に政務調査費を充当しているとか、不必要な旅費に政務調査費を充当しているなどと提訴され、一部不当と認定（長野県）
・飲食代の一部や化粧品、又は薬用品と思われる商品の購入について不当と認定（鳥取県）

　これは市区においても同様であり、政務調査費に関する住民監査請求、訴訟、刑事告発が増加し、違法・不当と認定された事例が増えている。違法・不当と判断された事例は下記のとおりである。

・政務調査費を貸付金名目で流用したのは違法＝支出は違法と判決（札幌市）
・市内旅費及び自宅等の経費（定期購読料・通信費等）支出は不当、違法な支出＝一部目的外支出と認定（旭川市）
・カーナビ購入費、市政報告会開催費、視察費、切手購入費、葉書購入費、新年会費の支出は違法・不当＝8人中5人について不当と認定（船橋市）
・議員の自宅等を会派の事務所として、会派所属議員個人に「事務所費」を一律月2万円支出＝違法・不当と認定（相模原市）
・議員団の車の車検代・保険代に支出＝使途基準に反し不当（宇治市）

　このように、政務調査費が議員活動の「政策調査研究」に使われず、議員の「第2の給料」として使用されてきた実情があった。

◆相次ぐ政務調査費の返還

　昨今では、議員活動に対する住民をはじめ、オンブズマンの視線が厳しくなりつつある。そこで、従来のように政務調査費を「第2の給料」として使用することはできなくなりつつある。その結果、使い切れなかった政務調査費を返還する議員が増加している。

　新潟県の事例を紹介する。同県議会では全国的に起きた政務調査費の不健全使用により、新潟県は議員活動のすべての支出に領収書の添付が義務づけられた。その結果、使い切らずに返還された残額は960万円に上り、前年度322万円から約3倍に増えた。また、政務調査費の使用用途としては、「広報費」が急増し、一方で「資料作成費」がほとんどなくなった。

　新潟県議会事務局は、残額の増加について、「初の領収書添付で県議が慎重になったことも要因」と分析している。そして、「これまで分類があいまいだった点が整理され、支出に変化が出たのではないか」としている（「新潟日報」2008年8月1日）。

　この使い切れなかった政務調査費の返還は、新潟県議会だけではなく、全国的に起きている。

◆政務調査費の本来的使用へ

　昨今では議員を監視する外部の目が厳しくなり、政務調査費を「第2の報酬」として使用することが困難になった。また、ある議会の会派では、政務調査費を「人件費」「食事費」「場所代」に使用しないことを内規で決めている。その結果が、先述した政務調査費の返還である。

　しかし、議員には政務調査費を返還するのは「もったいない」という意思が少なからず働く。そこで、政務調査費を本来の「政策調査研究」に使用する事例が増えつつある（これは法の趣旨にのっとり、当たり前のことである）。

例えば、議員が政策立案を進める際、大学教員を招聘する報酬費として政務調査費を使用する事例がある。民主党・かながわクラブ神奈川県議会議員団は、議員の政策立案力の向上に向け、議員提案の政策条例づくりに必要な法務知識について学ぶ講座を開講している。この講座では、研究者などから政策条例づくりの基礎知識を学ぶ講座を計8回程度行う。その後、具体的な条例案作りに入る。会派の政策立案過程で助言を得る顧問として、出石稔・関東学院大学法学部教授が就いた（「神奈川新聞」2008年3月6日）。

また、政務調査費を活用して、議員の公共政策大学院[6]への通学も多くなっている。毎日新聞社の調査によると、3公共政策大学院で24人が学んでいることが明らかになった（「毎日新聞」2009年3月2日）。また、明治大学大学院ガバナンス研究科では、今までに30人以上の議員や首長が学んだ。

今日では議員が政務調査費を活用して、公共政策大学院に通学する動きは強まっている。この動きの追い風になったのが、司法判断で学費に政務調査費を充てることが認められたからである。

練馬区議会の議員（当時）が政務調査費で公共政策大学院への通学に対し、区民が「個人の知識・能力の取得が目的で不当」として、政務調査費の返還を求めていた。しかし、東京高等裁判所は「区政に還元するのが目的」と、妥当性を認め判決は確定している[7]。

そのほか、政務調査費を活用して、シンクタンクへの調査研究を委

Reference

[6] 専門職大学院の一つである。修了者は行政機関や国際機関の政策立案者への道が想定される。

[7] 政務調査費から公共政策大学院の学費を支出していることについて、区民が「個人の学歴取得で違法」であると、東京地裁に訴えていた裁判の判決は請求棄却（訴訟費用は原告負担）となり、練馬区議会議員（当時）の完全な勝訴となった。その後、これを不服とした同住民が控訴していた控訴審の判決が東京高裁で行われた。その結果は、控訴棄却（訴訟費用は控訴人負担）となり、公共政策大学院の学費支出は、地方裁判所の判決より踏み込んだ判断が示された。

2 政務調査費の現状と方向性

託したり（筆者の所属する機関も議員から調査研究を受託している）、議員が開催する勉強会に講師として招聘したりしつつある。このことは、政務調査費の本来の使用目的に合致したものである。

◆政務調査費の規模～政策市場の活性化につながるか

この政務調査費は、一年間にどれくらい支払われているのだろうか。この政務調査費の規模をざっくりと推計してみた。図表37（ケース1）は、少なく見積もった数値である（ある意味、妥当な数値かもしれない）。そして図表38（ケース2）は、多く予測した数値である。

図表37 政務調査費の市場（ケース1）

ケース1［妥当］

	人口規模	市町村数[1]		政務調査費（平均）[2]		議員数[3]		月数		交付額
市・区	100万以上	12	×	375,294	×	77	×	12	=	4,150,452,706
	50～100万	14	×	375,294	×	45	×	12	=	2,824,613,647
	30～50万	44	×	108,838	×	37	×	12	=	2,114,758,236
	20～30万	41	×	163,250	×	30	×	12	=	2,441,697,600
	10～20万	141	×	35,897	×	27	×	12	=	1,652,076,320
	5～10万	248	×	20,203	×	24	×	12	=	1,442,957,838
	3～5万	182	×	16,028	×	21	×	12	=	728,097,067
	3万未満	69	×	16,028	×	21	×	12	=	276,036,800
町・村	3万以上[4]	94	×	11,219	×	21	×	12	=	263,235,093
	2～3万[4]	161	×	11,219	×	21	×	12	=	450,860,107
	1～2万[4]	432	×	11,219	×	18	×	12	=	1,023,644,160
	5千～1万[4]	421	×	11,219	×	14	×	12	=	816,201,120
	5千未満[5]	358	×	0	×	11	×	12	=	0
合計										18,184,630,693

注1）人口規模別市町村数は、総務省統計局（2005）「国勢調査報告」による。なお、東京都特別区部は1市として計算している。
注2）人口規模別政務調査費の平均交付額は、社団法人地方行財政調査会（2008）「市区議会における政務調査費に関する調べ（20年4月1日現在）」による。
注3）議員数は、地方自治法第91条の規定による。ただし、昨今は、議員定数を削減する地方自治体が多いため、地方自治法第91条の規定から2割削減している（四捨五入）。
注4）町は市と比較して、政務調査費の交付額が減少するため、ここでは市の平均（16,028円）から3割削減している。
注5）わが国の村の平均人口は4,731人であるため（「国勢調査」により算出）、5,000人未満を村として捉えている。また、村に関しては、政務調査費を交付しない場合が多いため、ここでは便宜的に「0」としている。

図表38　政務調査費の市場（ケース2）

ケース2［最大］

	人口規模	市町村数[注1]		政務調査費（平均）[注2]		議員数[注3]		月数		交付額
市・区	100万以上	12	×	375,294	×	96	×	12	=	5,188,065,882
	50～100万	14	×	375,294	×	56	×	12	=	3,530,767,059
	30～50万	44	×	108,838	×	46	×	12	=	2,643,447,795
	20～30万	41	×	163,250	×	38	×	12	=	3,052,122,000
	10～20万	141	×	35,897	×	34	×	12	=	2,065,095,400
	5～10万	248	×	20,203	×	30	×	12	=	1,803,697,297
	3～5万	182	×	16,028	×	26	×	12	=	910,121,333
	3万未満	69	×	16,028	×	26	×	12	=	345,046,000
町・村	3万以上	94	×	16,028	×	26	×	12	=	470,062,667
	2～3万	161	×	16,028	×	26	×	12	=	805,107,333
	1～2万	432	×	16,028	×	22	×	12	=	1,827,936,000
	5千～1万	421	×	16,028	×	18	×	12	=	1,457,502,000
	5千未満	358	×	16,028	×	14	×	12	=	963,974,667
	合計									25,062,945,433

注1）人口規模別市町村数は、総務省統計局（2005）「国勢調査報告」による。なお、東京都特別区部は1市として計算している。
注2）人口規模別政務調査費の平均交付額は、社団法人地方行財政調査会（2008）「市区議会における政務調査費に関する調べ（20年4月1日現在）」による。
注3）議員数は、地方自治法第91条の規定による。

　図表37と図表38は、市区町村の政務調査費の合計である。これに都道府県の政務調査費の規模（筆者の推計によると13,209,720,000円）が加算される。その結果、政務調査費の規模は31,394,350,693円から38,272,665,433円となり、約310億円から380億円と予測される。

　この政務調査費の規模の1割～2割でも政策市場[8]に流れるのならば、今まで以上に、わが国の政策市場は活性化し、良質な政策産業も育つと思われる。

　この政策市場とは、政策研究に関係する市場のことを指し、それは公共財の生産に関わっているとも指摘できる。本書では、政策市場を

Reference

[8] この政策市場について、社団法人経済同友会は、「多様な主体が政策を作成し、それが検証・分析され、かつ、代替案が作成されることを通じて、国民に複数の選択肢を示し、多数の政策案が多くの参加者による自由でオープンな議論により熟度の高い政策形成が行われる場」と定義している。

「政策研究の普及を通じて、社会を発展させる公共財を開発し、住民の福祉の増進を実現するため、新しい社会のあり方を提案する市場」とする。この政策市場では、主にシンクタンクが生存している[9]。

　ここからが筆者の個人的な要望になるが、今日では多くのシンクタンクが解散・廃止となっている。それは、政策市場が飽和しているからと考えられる。あるいは政策市場が縮小しているのかもしれない。この状況であると、健全な政策産業が育たない。その結果、わが国の政策産業が育たず、全体的にマイナスの要因となる。

　そこで、政務調査費の一部が政策市場に流れてくれば、今まで以上に政策産業は活性化するだろう。そしてシンクタンクは競争を通じて、よりよい政策が開発されると考えている。もし、政務調査費の使う用途が分からないならば、是非とも政策市場に費やしてほしいと思う。

3　政策開発の思想

　本書を終えるに当たり、筆者が政策開発を進める際、いつも心掛けていることを「政策開発の思想」として3点に絞り言及する[10]。

◆政策には「冷徹な頭脳」と「温かな心」が必要

　政策開発は、条例を立案したり、課題解決のための政策を検討したりする前向きな行動を伴う。筆者は政策開発に取り組むとき、次の格

Reference

[9]　政策市場には、広義にはシンクタンクをはじめ、政治家やジャーナリズムなどが活動している。一方で狭義には、シンクタンクに限定される。このシンクタンクについては、次の文献を参照されたい。
　　牧瀬稔（2009）『政策形成の戦略と展開 ～自治体シンクタンク序説～』東京法令出版
[10]　この「……思想」とは、筆者の指導教員であった本間義人・法政大学名誉教授が『国土計画の思想』『都市改革の思想』『まちづくりの思想』などの図書として使っている言葉である。まだまだ筆者の中で政策開発が体系立てられていないが、あえて「思想」と使うことにより、今後、より「政策開発の思想」の考察を深め、理論化していきたいと思っている。

言を常に胸中に抱いている。それは経済学者アルフレッド・マーシャルの「cool brain & warm heart」（冷徹な頭脳と温かな心）である。

政策開発には、この思想がとても重要である。筆者は法務能力を向上していく上でも、政策条例を立案していくときにも、この視点を持って取り組んでいる。特に、政策条例の検討の際には、この視点を持つことは、立法事実を正確に把握することに役立つ。

地域（地方自治体）において、住民の福祉を向上させていくためには、まずは問題を発見し、次いで問題を解決するための政策を開発する手順をとる。そして政策開発の過程では、個々人が持つ「冷徹な頭脳」を駆使して、様々な角度から問題を解剖していかなくてはいけない。ここでは、極めて冷静な視点が求められる。しかし、この「冷徹な頭脳」だけによって構築された政策は、血の通った温かい政策ではない。わざわざ人がつくる必要はなく、パソコンに任せてしまえばよい。

政策開発は「冷徹な頭脳」で客観的に判断しつつ、「○○市を絶対によくしていくんだ！」（「○○」は読者の関係している地方自治体名が入る）という、血の通った「温かな心」を持たなくてはいけない。重要なのは、「冷徹な頭脳」と「温かな心」のバランスである。

筆者は「cool brain & warm heart」を胸中に抱き、日々の政策開発に当たっている。是非、読者にも、この思想を持っていただきたいと思っている。

◆政策による「外部経済」と「外部不経済」を考える

政策開発を進めるに当たり、次の視点も言及しておきたい。何かしら**政策を開発し実行していくと、その政策の「恩恵を受ける人」がいれば（外部経済）、「被害を受ける人」も出てくる（外部不経済）という事実が必ずある**ということ知ってほしい。これは当たり前のことであるが、この現実を理解していない（あるいは外部不経済には目をつむる）場合が多い。

そのときは「冷徹な頭脳」を用いて、社会全体として利益が上がるようにしなくてはいけない。つまり、ベンサムの「最大多数の最大幸福」である。この「最大多数の最大幸福」は、「個人の幸福の総計が社会全体の幸福であり、社会全体の幸福を最大化すべきである」という意味を持っている。だからといって、外部不経済（反対利益）を無視してはいけない。特に**弱者を無視しては絶対にいけない**。

　政策開発は、その政策による外部不経済の存在も想定し、その外部不経済を可能な限り小さくするための対処法も検討する必要がある。さらに、弱者を助けていくセーフティーネットも構築することを同時に考えなくてはいけない。

　ちなみに、**「弱者」と「敗者」は異なる概念である**ことを認識してほしい。この双方を同一視している場合が少なくない。前者の「弱者」は、いつまでも「弱者」であることが多い。後者の「敗者」は、その時点で（一時的に）「敗者」であり、「勝者」になる可能性を秘めているのである。自治体政策は弱者を無視しては絶対にいけない。

◆政策は「成果」より「過程」を重視

　次の視点も強調しておきたい。それは、**政策を開発していく行為は「成果」ではなく「過程」にも重きを置く**ということである。この点について、ドイツの詩人であるゲーテは、「旅をするのは到着するためではなく、旅をするためである」という言葉を残している。この格言が意味していることは、人生（旅をすること）は死ぬ日（到着すること）が目的ではなく、生きていく日々に価値がある（旅をするためである）、ということだと思っている。このことは政策開発においても当てはまる。

　実は政策を開発し実現していくためには、様々な利害関係者の合意形成を図る必要がある。この過程は、極めて泥臭いものである。利害関係者の合意をつむぎあわせていく過程は面倒なものである。しかしながら、その一つひとつの合意を丁寧に形成していくと、結果とし

て、だれもが納得し、持続性のある彩りあざやかな政策が実現されていく。

　繰り返すが、政策開発は、到着すること（成果）よりも、旅をすること（過程）に意義があると考える。

　最後になるが「政策開発」の意味を考えたい。最近では「政策創出」や「政策創造」などの言葉が使用されているが、つい最近まで、「政策開発」がもっぱら使用されてきた。特に1970年代や1980年代の教科書は、「政策開発」という言葉がよく使用されている。長い間、「政策開発」が使われてきたからには、それなりの意味があると考えられる。

　政策の意味は第２章で言及し、本書においては「国や地方自治体といった行政機関が抱える問題の解決を図るため、また、国民や住民など行政の利害関係者のよりよい生活や環境などを維持・創造していくために示された方向と対応を示すもの」と定義している。

　後者の「開発」の意味を調べると、もともとは仏教用語であり、「仏性を開き発（ほっ）せしめること」であった。そして、仏教用語から転用され、「自然や知識を利用してより人間に有用なものを生み出す行為」と使用され、昨今では「新しい技術や製品を実用化すること」や「知恵や能力などを導きだし、活用させること」との意味で使用されている。この「開発」という２文字には、意外と深いニュアンスが含まれている。そこで、筆者は意識的に政策「開発」と使用している。

　さて、開発の意味は「仏性を開き発せしめること」と指摘した。その「仏性」の意味を調べると、実にいろいろとある。例えば、「『仏の本性』あるいは『仏となるべき因』の意で、衆生の有している仏と同じ本性をさす」であったり、「真心」であったり、「生命」「自他ともの幸福を実現する根源の力」「善意の生命」など、様々な識者がいろいろと解釈している。あまりにも、様々な解釈があり、筆者には「正

直わからない」という感じである。

　筆者は、漠然と、次のような言葉を抱いていた。それは、「政策を施すことにより、政策の恩恵を受ける人々の※※※を開き発しめる」である。この※※※に何が入るか分からないでいた。

　先日、黒部ダムの建設にあたった笹島建設株式会社の笹島信義会長のドキュメンタリーが報道されていた。その中で、笹島氏が「愛をもって黒部ダムの建設にあたっていた」（趣旨）と述べていた。その愛があったからこそ、過酷な労働条件においても辞める従業員がいなかったとも述べていた。

　この笹島氏の言葉から、暫定的な結論であるが、「政策を施すことにより、政策の恩恵を受ける人々の愛を開き発しめる」ということになりそうな気がしている。この「愛」とは、「思いやり」とか「情け」などにも換言できると思われる。政策づくりの根底には、人々の愛を開くことにあるのだと思う。そのためには、政策づくりの主体者も愛を持って取り組まなくてはいけない。人々の胸中にある愛を開いていくことが、政策開発の真髄にあるのだと、漠然としてではあるが、いま筆者は抱いている。

本書で紹介した条例一覧

■ 北 海 道
- ・北海道子どもの未来づくりのための少子化対策推進条例……………110
- ・網走市コミュニティセンター条例………………………………………170
- ・石狩市行政活動への市民参加の推進に関する条例……………145、146
- ・岩見沢市におけるコミュニティの安全と市民の安心を高める条例………168
- ・札幌市自治基本条例……………………………………………25、181
- ・清里町まちづくり参加条例………………………………………………147
- ・倶知安町みんなで親しむ雪条例……………………………………………41
- ・奈井江町合併問題に関する住民投票条例……………115、136、138
- ・奈井江町子どもの権利に関する条例……………………………112、114
- ・ニセコ町まちづくり基本条例………145、146、168、174、176、179、182
- ・福島町横綱千代の山・千代の富士記念館条例……………………………57
- ・湧別町 Family 愛 Land You 設置及び管理に関する条例 ………………55

■ 青 森 県
- ・青森市市民とともに進める雪処理に関する条例……………………………41
- ・八戸市協働のまちづくり基本条例………………………………………168
- ・りんごの生産における安全性の確保と生産者情報の管理によるりんごの普及促進を図る条例……………………………………………………92
- ・鶴田町朝ごはん条例………………………………………………75、76
- ・深浦町子供を健やかに生み育てる支援金条例……………………………64
- ・深浦町自動販売機の適正な設置及び管理に関する条例…………………65
- ・深浦町出逢い・めぐり逢い支援条例………………………60、64、65

■ 岩 手 県
- ・陸前高田市コミュニティ活動資金貸付基金条例…………………………170
- ・矢巾町コミュニティ条例………………………………………166、170

■ 宮 城 県
- ・仙台市落書きの防止に関する条例…………………………………………89

本書で紹介した条例一覧

■ 秋田県
・秋田県子ども・子育て支援条例……………………………………………110
・横手市雪となかよく暮らす条例……………………………………………41

■ 茨城県
・茨城県安全なまちづくり条例……………………………………125、127

■ 埼玉県
・埼玉県子どもの権利擁護委員会条例……………………109、110、111
・久喜市みんなで育てよう！協働のまちづくり………………………153
・志木市自然再生条例………………………………………………………75、76
・志木市市民との協働による行政運営推進条例………………………159
・戸田市みんなでつくる犯罪のないまち条例……………………………125
・深谷市レンガのまちづくり条例……………………………………………60
・富士見市市民投票条例………………………………………………………138
・和光市市民参加条例……………………………………………………147、156

■ 千葉県
・我孫子市あき地に繁茂した雑草等の除去に関する条例………………53
・市川市防犯まちづくりの推進に関する条例……………………………125
・市原市雑草等の除去に関する条例…………………………………………52
・佐倉市空き地の雑草等の除去に関する条例………………………………53
・白井市市民参加条例…………………………………………………………147

■ 東京都
・東京都環境影響評価条例……………………………………………………23
・あだち協働ガイドライン……………………………………………………153
・足立区自治基本条例…………………………………………………………156
・新宿区空き缶等の散乱及び路上喫煙による被害の防止に関する条例……28
・杉並区ＮＰＯ・ボランティア活動及び協働の推進に関する条例……151、155
・世田谷区子ども条例……………………………………………………49、110
・千代田区行財政改革に関する基本条例……………………………………95
・豊島区子どもの権利に関する条例…………………………………………48
・中野区教育委員会準公選条例………………………………………………132
・中野区自治基本条例……………………………………………………179、182
・多摩市行財政再構築プラン…………………………………………………153
・多摩市自治基本条例……………………………………………………156、168

- ・調布市子ども条例……………………………………………………112
- ・八王子市市民参加条例………………………………………………25
- ・武蔵野市コミュニティ条例………………………163、166、168、169、170、171
- ・日の出町お年寄りにやさしい福祉基本条例………………………………50

■ 神奈川県

- ・神奈川県子ども・子育て支援推進条例……………………………………110
- ・綾瀬きらめき市民活動推進条例………………………………………86
- ・川崎市子どもの権利に関する条例…………………………107、111、112
- ・川崎市自治基本条例…………………………………………25、167
- ・大和市新しい公共を創造する市民活動推進条例…………151、153、155
- ・大和市自治基本条例……………………………………………179、181
- ・大和市市民参加推進条例………………………………………………146
- ・大和市住民投票条例……………………………………………………137
- ・横須賀市環境基本条例…………………………………………………51
- ・横須賀市市民協働推進条例……………………………151、155、156、158
- ・横須賀市市民パブリック・コメント手続条例……………145、146、148
- ・横須賀市犯罪のない安全で安心なまちづくり条例………………124、125

■ 新潟県

- ・阿賀野市克雪条例………………………………………………………41
- ・上越市子どもの権利に関する条例……………………………………112
- ・妙高市雪国の生活を明るくする条例…………………………………41
- ・巻町における原子力発電所建設についての町民投票に関する条例………132
- ・中里村雪国はつらつ条例………………………………………………92

■ 石川県

- ・いしかわ子ども総合条例…………………………………110、111、112
- ・金沢市集合住宅におけるコミュニティ組織の形成の促進に関する条例…………………………………………………………170、172

■ 福井県

- ・福井県安全で安心なまちづくりの推進に関する条例………………127
- ・鯖江市市民活動によるまちづくり推進条例…………………………153

■ 岐阜県

- ・安心して子どもを生み育てることができる岐阜県づくり条例……………110

- ・岐阜市住民自治基本条例……………………………………………… 167
- ・多治見市子どもの権利に関する条例…………………………………… 111
- ・御嵩町における産業廃棄物処理施設の設置についての住民投票に関する条例……………………………………………………………… 136

■ 静 岡 県
- ・静岡市めざせ茶どころ日本一条例………………………………… 53、65

■ 愛 知 県
- ・春日井市高蔵寺コミュニティ・センター条例………………………… 170
- ・高浜市住民投票条例……………………… 135、136、137、139、145
- ・知立市まちづくり基本条例……………………………………… 156、168
- ・日進市自治基本条例……………………………………………………… 25

■ 三 重 県
- ・子どもを虐待から守る条例…………………………………… 110、116
- ・三重県議会基本条例……………………………………………………… 97
- ・三重県県民しあわせプラン…………………………………………… 153
- ・三重県食の安全・安心の確保に関する条例……………………………… 36
- ・伊賀市自治基本条例……………………………………………… 25、181
- ・名張市自治基本条例…………………………………………… 179、181
- ・紀勢町キューピット条例………………………………………………… 60

■ 滋 賀 県
- ・滋賀県子ども条例……………………………………………………… 110

■ 京 都 府
- ・京都府子育て支援条例………………………………………………… 110
- ・京都府自転車安全利用促進条例……………………………………… 117
- ・京都市屋外広告物等に関する条例……………………………………… 58
- ・長岡京市防犯推進に関する条例……………………………………… 121

■ 大 阪 府
- ・大阪府安全なまちづくり条例……………………… 122、125、127
- ・大阪府子ども条例……………………………………………… 110、113
- ・大阪府食の安全安心推進条例…………………………………………… 91
- ・岸和田市住民投票条例………………………………………………… 137

- ・吹田市市民公益活動の促進に関する条例……………………………………… 155
- ・吹田市自治基本条例……………………………………… 164、179、181
- ・箕面市子ども条例……………………………………………………………… 110
- ・箕面市市民参加条例……………………………………… 145、146、147、156
- ・箕面市非営利公益市民活動促進条例……………………………… 151、155

■ 兵 庫 県
- ・相生市市民参加条例………………………………………………… 147、156
- ・相生市住民投票条例…………………………………………………………… 136
- ・小野市いじめ等防止条例……………………………………………………… 116
- ・川西市子どもの人権オンブズパースン条例………………………… 107、111
- ・神戸市民による地域活動の推進に関する条例………………………………… 25
- ・宝塚市環境紛争の処理に関する条例…………………………………………… 56
- ・宝塚市市民参加条例…………………………………………………………… 147
- ・吉川町まちづくり基本条例…………………………………………………… 168

■ 奈 良 県
- ・子どもを犯罪の被害から守る条例………………………………… 110、116
- ・奈良県少年補導に関する条例………………………………………………… 129

■ 和歌山県
- ・和歌山県子どもを虐待から守る条例………………………………………… 110
- ・和歌山県青少年健全育成条例………………………………………………… 102

■ 鳥 取 県
- ・鳥取県駐車時等エンジン停止の推進に関する条例…………………………… 91

■ 島 根 県
- ・浜田市自治区設置条例………………………………………………………… 171

■ 岡 山 県
- ・井原市子誉め条例……………………………………………………………… 41

■ 広 島 県
- ・「減らそう犯罪」ひろしま安全なまちづくり推進条例…………………… 122
- ・大竹市住民投票条例…………………………………………………………… 136

■ 山口県
- 子育ての文化の創造のための子育て支援・少子化対策の推進に関する条例……………………………………………………………………… 110

■ 愛媛県
- 松山市節水型都市づくり条例……………………………………………41

■ 高知県
- 高知県こども条例………………………………………… 109、110、113
- 高知市市民と行政のパートナーシップのまちづくり条例………46、47
- 窪川町原子力発電所設置についての町民投票に関する条例………132、135
- 土佐町まちづくり応援基金条例…………………………………… 170

■ 福岡県
- 福岡市節水推進条例………………………………………………………41
- 宗像市市民参画、協働及びコミュニティ活動の推進に関する条例…166、170

■ 長崎県
- 長崎県子育て条例………………………………………………… 110

■ 熊本県
- 熊本県五木村振興推進条例………………………………………………36
- 熊本県子ども輝き条例……………………………………………… 110

■ 大分県
- 臼杵市コミュニティ活動推進基金条例…………………………… 166

■ 宮崎県
- 宮崎市地域コミュニティ活動基金条例…………………………… 172
- 宮崎市地域コミュニティ条例………………………………………170、171
- 宮崎地域自治区の設置等に関する条例…………………………… 171

■ 鹿児島県
- かごしま観光立県基本条例………………………………………………37
- 鹿児島市の市民参画を推進する条例……………………………… 156

■ 沖縄県

- ちゅらうちなー安全なまちづくり条例……………………………………… 129
- 浦添市ハブによる被害の防止及びあき地の雑草等の除去に関する
  条例………………………………………………………………………53

『条例で学ぶ政策づくり入門』 第Ⅰ部・第Ⅲ部 主要参考文献一覧

　ここに掲げてある図書は、本書（『条例で学ぶ政策づくり入門』）の第Ⅰ部と第Ⅲ部で参考として使用した図書である。本書の執筆の際に大いに貢献した。記して感謝したい。比較的、基礎的な図書であるため、さらなる知見を獲得したい読者は、是非、読破することを薦める。

出石稔監修（2008・2009）『自治体職員のための政策法務入門（シリーズ）』第一法規
礒崎初仁編著（2004）『政策法務の新展開―ローカルルールが見えてきた―』ぎょうせい
磯崎陽輔著（2006）『分かりやすい法律・条例の書き方』ぎょうせい
上田章・笠井真一著（2006）『条例規則の読み方・つくり方（第2次改訂版）』学陽書房
大島稔彦監修（2005）『法制執務の基礎知識』第一法規
太田雅幸・吉田利宏著（2006）『政策立案者のための条例づくり入門』学陽書房
大森政輔・鎌田薫編著（2006）『立法学講義』商事法務
鹿児島重治著（1995）『地方公務員の政策形成』学陽書房
兼子仁・北村喜宣・出石稔共編（2008）『政策法務事典』ぎょうせい
木佐茂男・田中孝男著（2006）『自治体法務入門（第3版）』ぎょうせい
北村喜宣編著（2004）『分権条例を創ろう！』ぎょうせい
北村喜宣・礒崎初仁・山口道昭編著（2003）『政策法務研修テキスト』第一法規
木村純一著（2004）『行政マンの政策立案入門』学陽書房
塩野宏著（2001）『行政法Ⅲ　行政組織法（第2版）』有斐閣
柴田孝之著（2005）『法律の使い方』勁草書房
新藤宗幸著（1998）『行政ってなんだろう』岩波書店
鈴木庸夫編（2007）『自治体法務改革の理論』勁草書房
田口一博著（2005）『一番やさしい自治体政策法務の本』学陽書房
田中孝男著（2002）『条例づくりへの挑戦―ベンチマーキング手法を活用して』信山社政策法学ライブラリイ
田村明著（2000）『自治体学入門』岩波書店
中野次雄編著（2002）『判例とその読み方（改訂版）』有斐閣

主要参考文献一覧

なかむらいちろう著（2008）『「俺の酒が飲めねーか」は犯罪です』講談社
長野秀幸・川崎政司著（2004）『行政法がわかった（改訂第4版）』法学書院
のり・たまみ著（2007）『へんなほうりつ』扶桑社
のり・たまみ著（2008）『へんな判決』ポプラ社
長谷川彰一著（2008）『（改訂）法令解釈の基礎』ぎょうせい
早坂剛著（2001）『条例立案者のための法制執務』ぎょうせい
林雄介著（2004）『絶対わかる法令・条例実務入門』ぎょうせい
牧瀬稔著（2008）『議員が提案する政策条例のポイント―政策立案の手法を学ぶ―』東京法令出版
牧瀬稔・戸田市政策研究所編著（2009）『政策開発の手法と実践―自治体シンクタンク「戸田市政策研究所」の可能性―』東京法令出版
牧瀬稔著（2009）『政策形成の戦略と展開〜自治体シンクタンク序説』東京法令出版
松下啓一著（2005）『政策法務のレッスン』イマジン出版
三浦和義著（2007）『（改訂新版）弁護士いらず』太田出版
盛田則夫著（2007）『世界のとんでも法律集』中公新書ラクレ
山口道昭著（2002）『政策法務入門―分権時代の自治体法務』信山社
吉田利宏著（2007）『法律を読む技術・学ぶ技術（第2版）』ダイヤモンド社

おわりに

　これから政策条例を立案する際は、ますます戦略性が求められる。

　ある地方自治体の子ども条例の目的規定は、「子どもが健やかに生まれ、かつ、育つことができ、及び市民が安心して子どもを生み、育てることができる環境の整備を図り、もって市民生活の向上及び地域社会の持続的な発展に寄与すること」と明記されている。

　最近、相次いで子ども条例が立案されている。しかしDINKS (Double Income No Kids) の中には、子ども条例に否定的な見解を示す場合もある。このDINKSとは、「共働き収入で子どもなし」という意味である。DINKSは、それなりに税金を納めているが、子どもがいないため、子どもに関する施策や事業の恩恵を受けることはない。そのためDINKSの中には、「何となく損をしている」という思いを抱き、「子ども条例なんていらない」と捉える者も少なくないと聞く。

　先に記した目的規定をよく観察してほしい。そこに記されている「子どもが健やかに生まれ、（中略）環境の整備を図り」の部分は手段となる。そして、目的は「市民生活の向上及び地域社会の持続的な発展に寄与すること」である。

　前者の手段を強調すると、「子ども」という表記が条例名に書き込まれる。つまり、「子ども〇※△条例」となるだろう。その結果、「子ども」という表記に視点がいったDINKSから、非難を浴びる可能性がある。しかし、後者の目的を強調すれば、子ども条例でなくても構わない。つまり後者は「持続的な地域社会の実現」が目的となっている。その目的を達成することで、子育て環境もよくしていくという趣旨である。

　そのように考えると、「子ども」という表記を条例名に書き込む必

要はなくなる。子育て環境の整備を意図した条例でも、「子ども」を強調する必要はなくなる。あくまでも、持続的で健全な地域社会の実現が中心になる。そのため、「持続的な地域社会□※△条例」という名称の条例にすることで、同条例に対する批判的な視線をずらすことが可能となる。

今後は政策を実現していくために、上記のような「戦略性」がますます求められると思われる。これは、政策条例の立案時にだけにいえるのではなく、自治体政策すべてにおいて指摘できることである。

------------------------------------ ★☆★ ------------------------------------

こんな日があった。
「まだでしょうか……」「延期しても構いませんが……」「今どうなっていますか……」とは、本書を担当している編集者の湯浅崇氏の言葉である。筆者の筆がなかなか進まず、今回は、かなり湯浅氏に迷惑をかけてしまったと反省している。

上記のメールが届いても、忙しさにかまけて、返信をしないことがあった。そうしたら、湯浅氏から「今度、戸田市の図書（※）の出版祝いの慰労会をしましょう！」というメールが届いた。この「慰労会」という3文字に心がはずみ、速攻で「ぜひ、やりましょう！」と返信をしてしまった。何も考えずに、「返信」をクリックした直後に後悔した。「ああ、これで返信できる状態にいることがバレてしまった」と。さすがは、百戦錬磨の編集者である。

※戸田市の図書
　牧瀬稔・戸田市政策研究所（2009）『政策開発の手法と実践―自治体シンクタンク「戸田市政策研究所」の可能性』東京法令出版

こんな日もあった。
「寝てないで原稿を書いたら！」「湯浅さんのことも考えなさい

よ！きっと原稿がこないから職場内で窮地に立たされているのよ！」
「ちょっと！あんた東京法令さんにいつまで迷惑かけているの！」そして「あなたに幻滅しました……」とは、筆者の奥様の心やさしい言葉である（あえて奥「様」としておく）。

　筆者は少し油断すると、ついつい寝に入ってしまう。そして、一度寝ると20時間くらいは平気で寝つづける特性を持っている（ある意味、特技だと自負している）。この図書をはじめとする様々な原稿や本来業務（調査研究など）に追われていても、まず心が寝室に向かい、気がつくと既に身体が寝室にいる。実に不思議なことである（このことを「牧瀬ミステリアス現象」と命名している）。そして、ついつい爆睡してしまい、毎週月曜日は、後悔の朝を迎える（「ああ、ダメな人間だ」と深く後悔する月曜日の眩しい朝である）。

　湯浅氏の「まだでしょうか……」に加えて、奥様の「あなたに幻滅しました……」というプレッシャーを感じながら誕生したのが本書である。今回は、かなり「生みの苦しみ」を味わった。

　以上の記述は基本的にノンフィクションであるが、やや針小棒大のきらいもあるため、適度に読み流してもらいたい。

　湯浅氏との出会いは、2007年7月11日に開催された「自治体総合フェア2007」（主催：社団法人日本経営協会）において、筆者が「地域ブランドによる地域再生」のセッションで講演したことがきっかけである。講演後、名刺を交換させていただいた。その後、図書の出版の話が持ち上がり、約1年強で、本書を含む単著を3冊、編著を2冊の合計5冊も出版させていただいた。

　あの時に、湯浅氏と名刺交換をしていなかったら、こんなに一気に図書を出版することはできなかった。あの出会いに感謝であるし、湯浅氏をはじめ、取締役の星沢卓也氏と東京法令出版株式会社への恩義

は決して忘れてはいけないと胸中に刻んでいる。
　とりあえず、筆者がやらなくてはいけないことは、本書をはじめ、筆者が関係した図書のアピールである（寝ないで頑張ります）。

　最後に、本書の執筆と本来業務に追われて、どこにも一緒に旅行にいけない妻・玲子に感謝しつつ……すみません、嘘をつきました。いま記した「本書の執筆と本来業務に追われて」は嘘です（言い訳です）。真実は「寝に入ってしまい、そのまま冬眠するかのように爆睡してしまう」ことがいけないのです。この寝すぎる体質のため、どこにも行けないのである。
　これからは寝質（寝る性質のこと）を改善し、「短睡眠でも元気な牧瀬稔！」を実現し、一緒にどこかに行きたいと思う。けれど誠に勝手ながら、今の時期は花粉症により、外出したくないので6月まで待ってくださいね。
　改めて妻・玲子に最敬礼して、本書を終えたいと思う。いつも、ありがとうございます。

　さあ、次は社会の発展に貢献する、どのような調査研究をしていこうか？

　　　2009年3月

　　　　　　　　　　　　　　　　　　　　　　　　　　牧瀬　稔

著者プロフィール

牧瀬　稔（まきせ・みのる）

財団法人地域開発研究所研究部研究員
法政大学大学院博士課程人間社会研究科修了、博士（人間福祉）。横須賀市都市政策研究所、財団法人日本都市センター研究室を経て現職。専門は、地方自治論、自治体政策、地域政策。
法政大学現代福祉学部兼任講師、法政大学大学院政策科学研究科兼任講師、東京農業大学国際食料情報学部非常勤講師、目白大学社会学部兼任講師を兼ねる。
公的活動としては、よこすか子育ち支援計画実施計画策定専門委員（横須賀市こども青少年企画課）、佐倉市指定管理者審査委員会委員、新宿区新宿自治創造研究所政策形成アドバイザー、戸田市政策研究所政策形成アドバイザー、（社）日本経営協会「自治体総合フェア企画委員会」委員など多数。
著書に『政策形成の戦略と展開〜自治体シンクタンク序説』（東京法令出版、単著）、『議員が提案する政策条例のポイント—政策立案の手法を学ぶ』（東京法令出版、単著）、『政策開発の手法と実践—自治体シンクタンク「戸田市政策研究所」の可能性—』（東京法令出版、編著）など多数。
http://homepage3.nifty.com/makise_minoru/index.htm

条例で学ぶ政策づくり入門

平成21年6月17日　初版発行

著　　者	牧瀬　　稔
発 行 者	星沢　哲也
発 行 所	東京法令出版株式会社

112-0002	東京都文京区小石川5丁目17番3号	03(5803)3304
534-0024	大阪市都島区東野田町1丁目17番12号	06(6355)5226
060-0009	札幌市中央区北九条西18丁目36番83号	011(640)5182
980-0012	仙台市青葉区錦町1丁目1番10号	022(216)5871
462-0053	名古屋市北区光音寺町野方1918番地	052(914)2251
730-0005	広島市中区西白島町11番9号	082(516)1230
810-0011	福岡市中央区高砂2丁目13番22号	092(533)1588
380-8688	長野市南千歳町1005番地	

〔営業〕TEL 026(224)5411　FAX 026(224)5419
〔編集〕TEL 03(5803)3304　FAX 03(5803)2624
http://www.tokyo-horei.co.jp/

Ⓒ MINORU MAKISE　Printed in Japan, 2009

本書の全部又は一部の複写、複製及び磁気又は光記録媒体への入力等は、著作権法上での例外を除き禁じられています。これらの許諾については、当社までご照会ください。

落丁本・乱丁本はお取替えいたします。

ISBN978-4-8090-4050-4

●●●牧瀬稔の自治体政策シリーズ●●●

議員が提案する政策条例のポイント
政策立案の手法を学ぶ

牧瀬 稔 著

■A5判／232頁／定価2,100円(本体2,000円)

◆議員提案による政策条例の現状と経緯について実例を踏まえながら解説し、そこから導き出される成功へのポイントを提示しています。

◆条例の基礎的知識から、条例の政策的な効果、政策研究の方法なども紹介しているので、条例の入門書としても役に立つ本です。

◆地方議員をはじめ、執行機関の職員、地方自治や地方政治など行政に関心を持つ方々にもお薦めの一冊です。

―― 目次（抜粋）――

序章 政策立案能力が必須の時代に
1　政策立案能力とは
2　昨今における議員提案政策条例について

第1章 誰もが条例をつくれる時代に
6　地方分権一括法による条例制定権の拡大
7　条例の類型

第2章 地域運営をあざやかにする「ユニーク条例」
3　住民投票の年齢は12歳？
8　住民を獲得するための条例？
10　ユニーク条例を立案してみてはどうだろう

第3章 議員提案政策条例の現状
1　活発化しつつある議員提案政策条例
3　「陳情型議員」と「政策型議員」
9　政策条例を対象とした首長対議員の競争の時代へ

第4章 政策研究の仕方
1　政策形成サイクルとは何か
7　政策立案能力と政策形成能力の違い
8　議員提案政策条例は政策研究が命

第5章 条例の政策的な効果
1　「ポイ捨て禁止条例」の効果
2　「古紙持ち去り禁止条例」の効果
3　「生活安全条例」の効果

第6章 議員提案政策条例の個別ケースの紹介
ケース1　青森県中小企業振興基本条例
ケース2　神奈川県商店街活性化条例
ケース3　平塚市民のこころと命を守る条例
ケース4　海老名市平和事業推進に関する条例
ケース5　戸田市みんなでつくる犯罪のないまち条例

第7章 議員提案政策条例の実現に向けたポイント
1　「合意形成」をしやすいか
4　競争意識を活用する
5　政策研究の必要性

本書で紹介した条例一覧

ISBN978-4-8090-3137-3

● ● ●**牧瀬稔の自治体政策シリーズ**● ● ●

政策形成の戦略と展開

自治体シンクタンク序説

牧瀬 稔 著

■**A5判**／**208頁**／**定価2,100円**(本体2,000円)

♣自治体シンクタンクを設置し、持続的に発展させていくためのノウハウや、よりよい政策を開発するためのヒントを提供。

♣自治体シンクタンクをめぐる様々な事象についての知見を提供。

> シンクタンク・自治体学・団体自治・住民自治・地方分権・都市間競争・政策形成力・自治体のM&A(合併と買収)・自治体破綻・人口移動　など

♣自治体の企画・政策部門及び首長部門、地方議員、地方自治を対象とする研究者、実務家、政策シンクタンクを目指す学生などにお薦めの一冊です。

目次（抜粋）

序　章　自治体シンクタンク検証の視点
第1章　知識社会におけるシンクタンクの位置
　1　知識社会の潮流
　2　シンクタンクの概念整理
　3　シンクタンクの現状と課題
第2章　自治体間M&Aの幕開け
　1　都市間競争の進展
　2　先の見えない自治体財政
　3　「自治体倒産」時代の到来
　4　市町村合併の現状
　5　水面下で進む自治体間M&A
　6　21世紀は人口移動の時代へ
　7　都市間競争に必要な政策形成力
第3章　自治体シンクタンクの現状
　1　自治体シンクタンクの定義
　2　自治体シンクタンクの歴史
　3　自治体シンクタンク設置の背景
　4　自治体シンクタンクの現状
　5　自治体シンクタンクは万能ではない？
第4章　自治体シンクタンクの実際
　1　自治体シンクタンクの老舗　上越市創造行政研究所
　2　横須賀市都市政策研究所　第1ステージの軌跡
　3　「会議体」形式を採用する　みうら政策研究所
　4　新宿区新宿自治創造研究所　「走りながら考える組織」
　5　最小の費用で最大の効果を目指す　戸田市政策研究所
第5章　自治体シンクタンクの可能性
　1　自治体シンクタンクの機能
　2　自治体シンクタンクの意義
　3　市民研究員制度の意義
終　章　自治体シンクタンクの行方
　1　自治体シンクタンクの課題
　2　自治体シンクタンクへの期待
　3　自治体シンクタンク設置を検討するに当たり…

ISBN978-4-8090-4049-8

●●●牧瀬稔の自治体政策シリーズ●●●

政策開発の手法と実践

自治体シンクタンク「戸田市政策研究所」の可能性

牧瀬　稔／戸田市政策研究所　編著

■A5判／272頁／定価2,310円（本体2,200円）

♣ 自治体職員が政策を開発するにあたり、持つべき思考、視点や技法に加え、文章作成の手法を紹介。

♣ 埼玉県戸田市のシンクタンクである戸田市政策研究所と戸田市の各担当課が取り組んでいる「シティセールス」「ネーミングライツの導入」など先進的な政策展開の手法や実践を紹介。

♣ 手法と実践を学ぶことで政策立案能力を高めることができます。

♣ 自治体シンクタンクに関心のある方や、政策開発の初歩的なことを学びたい方、自分の政策形成能力を再確認したい方、また政策開発の具体的行動や効果を知りたい方など、いろいろな方にとって参考になる一冊です。

目次（抜粋）

第Ⅰ部　政策開発の具体的手法
第1章　政策形成能力が問われる時代
　3　自治体間M＆Aの時代の突入
第2章　政策形成能力を確認する9のテスト
　テスト2　年末は物騒であり、犯罪が多発しているのか
　テスト9　地方環境税の導入は、地方自治体の税収に効果があるのか
第3章　政策開発を進める9のヒント
　ヒント1　グラフの目盛に注意する
　ヒント4　検索サイトによるデータ収集
　ヒント5　演繹と機能の2つのアプローチ
　ヒント6　レトリックで強調する
第4章　文章作成の15のポイント
　ポイント1　その文章　自己満足じゃないですか
　ポイント2　書き出しは　7パターンで「はじめよう」
　ポイント6　イチ・ニ・サン！　結論サン（3）点　もってくる
　ポイント15　テーマ名　そこに真髄　溢れてる

第Ⅱ部　「パートナーシップでつくる人・水・緑　輝くまち」の実現に向けて
第5章　戸田市における「戸田市政策研究所」の意義
第6章　自治体シンクタンク「戸田市政策研究所」の取り組み
　2　「看板」が売れるの？～ネーミングライツの導入をめぐる考察～
　5　いつでもどこでも簡単に～電子申告・納税のメリットとデメリット～
　6　"わがまち"を売り出す～シティセールスをめぐる都市イメージの考察～
第7章　「住んでみたい、住み続けたいと思われるまち戸田」に向けた実践
　1　新しいムーブメントの興り～若手自主勉強会「戸田ゼミ」の実践～
　3　四季を彩るおしゃれな風景づくり
　5　地域の力が原動力、住みよいまちづくりへの奮闘
第8章　政策研究・政策開発から得られる知見

ISBN978-4-8090-4047-4

● ●●牧瀬稔の自治体政策シリーズ● ●

地域魅力を高める「地域ブランド」戦略
自治体を活性化した16の事例

牧瀬　稔／板谷　和也　編著
■A5判／304頁／定価1,890円(本体1,800円)

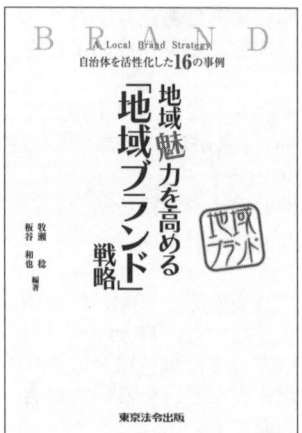

◆自治体を活性化した16の事例を取り上げています。
◆「地域ブランド」を軸にした地域再生戦略に取り組んでいる自治体にとって役に立つ事例集です。
◆様々な行政分野に対応できるように、個別的に成功事例のポイントをわかりやすく、各地方自治体や地域でも応用のきく内容としてまとめてあります。
◆行政職員、首長、議員はもとより、商工・観光団体など地域の各種団体、地域住民など地域の活性化を担う、すべての方々の必読書です。

―― 目次（抜粋）――

序　章　地域ブランドを正しく理解する視点
第1部　全国へ発信するブランド
　第1章　ブランドと伝統を守るための成功物語－埼玉県草加市－
　第2章　「ぶらぶら歩く」まちブランド戦略－長崎県長崎市－
　第3章　自然環境と調和した高尾山の観光戦略－東京都八王子市－
　第4章　醤油を中心としたまちづくり－石川県金沢市（大野町）－
第2部　地元を見直すブランド
　第5章　芸術に特化した街づくりによる交流人口の拡大－新潟県十日町市・津南町－
　第6章　都市内観光による地域アイデンティティの創出－千葉県浦安市－
　第7章　「震央の地」ブランドで復興に活力を注ぐ－新潟県川口町－
　第8章　「夜逃げの町」から「有機農業基準の町」へ－宮崎県綾町－
第3部　都市のイメージとしてのブランド
　第9章　「交通」から街を変える－富山県富山市－
　第10章　「安全安心なまちづくり」への活動を通じたコミュニティの活性化－東京都三鷹市－
　第11章　地域イメージの形成－長野県小諸市－
　第12章　郊外住宅地形成に見る地域ブランド－東京都大田区（田園調布）－
第4部　自治体力を強化するブランド
　第13章　地域ブランドで人口争奪競争に挑む－神奈川県横須賀市－
　第14章　市民一人ひとりが主役となる国際交流都市－埼玉県戸田市－
　第15章　自治体シンクタンクと地元学で地域の美しさを見出し、地域ブランド戦略に挑む－福岡県宗像市－
　第16章　市町村合併後の地域ブランドの展望を考える
終　章　16事例から考える地域ブランド戦略の今後の方向性

ISBN978-4-8090-4046-7